Muriel Frank
Backen ohne Gluten

Muriel Frank war 17 Jahre alt, als bei ihr die Diagnose Zöliakie gestellt wurde. Im »Versuchslabor Küche« wurde so lange mit natürlich glutenfreien Mehlen sowie Back- mischungen experimentiert, bis auch ihre bis dahin sehr kritischen Brüder sich gerne bei ihren Werken bedienten. Die besten Rezepte hat sie in diesem Buch zusammen- gestellt.

Muriel Frank

Backen ohne Gluten

Über 80 süße und pikante Backideen
bei Zöliakie und Gluten-Unverträglichkeit

Liebe Leserin, lieber Leser,

als ich 17 Jahre alt war, wurde bei mir Zöliakie diagnostiziert. Bis zu dem Zeitpunkt wusste ich weder was Zöliakie noch was glutenfreie Lebensmittel sind. Das änderte sich schlagartig im Januar 2006, als mir mein Arzt nach einer Dünndarmbiopsie die Diagnose mitteilte. Nach meinem anfänglichen Schock darüber, dass ich wohl nie wieder »Pizza, Pasta & Co.« essen durfte, machte ich mir zuerst ein Bild über diese Krankheit. Ich informierte mich im Internet, bestellte mir hilfreiches Material bei der Deutschen Zöliakiegesellschaft und deckte mich mit diversen Kochbüchern ein.

Meine Familie (Mama, Papa und drei Brüder) war durch meine Erkrankung zwar nicht direkt, aber doch immerhin indirekt betroffen. Meine Mutter musste plötzlich für mich eine »Extrawurst« braten. Ich muss noch dazu sagen, dass ich ein anstrengender Esser werden kann, wenn mir das Essen nicht schmeckt. Meine Mutter habe ich damit schon manches Mal auf die Palme gebracht. Im Laufe der folgenden Wochen probierte ich mich durch das glutenfreie Sortiment der Reformhäuser und Supermärkte. Mit den glutenfreien Müsli, Kuchen und Kleingebäcken konnte ich mich schnell anfreunden, während ich mit Brot und Brötchen sowie Nudeln nicht wirklich warm wurde. Ich hatte immer den Geruch heißer dampfender Spaghettis aus Hartweizengrieß in der Nase, wenn ich mir die Maisspaghetti kochte.

Die horrenden Preise für glutenfreie Lebensmittel veranlassten mich nach einiger Zeit, mich selbst in die Küche zu stellen. Ich probierte Mehlmischungen und glutenfreie Mehle aus. Meine ersten Backversuche gingen meinem Gefühl nach vollkommen in die Hose. Die Kuchen waren staubtrocken, sodass man Angst haben musste, dass man an einem Krümel erstickt und die Brötchen gingen nicht richtig auf. »Willst du uns umbringen?«, fragte mich einmal mein jüngster Bruder, während ihm ein Muffin im Hals steckte.

Mut zu Neuem war gefragt. Ich begann neue Zusammensetzungen zu kreieren, mischte neue Zutaten hinzu. Meine größten und ehrlichsten Kritiker blieben dabei meine Brüder und meine Eltern. Alles, was ich ihnen vorsetzte, nahmen sie genau unter die Lupe, nicht nur geschmacklich, sondern gerade auch, was die Konsistenz anging. Und so stellte ich nach einiger Zeit fest, dass sich das Experimentieren mit glutenfreien Lebensmitteln durchaus lohnte. Ich kreierte wunderbare Torten und leckere Brötchen, die nicht nur mir, sondern auch meinen Brüdern schmeckten.

Allen, die ein ähnliches Schicksal wie ich haben, rate ich, mutig zu sein und sich beherzt als Bäcker auszuprobieren. Mein Backbuch richtet sich an alle Menschen mit Zöliakie, einer Gluten- oder Weizenunverträglichkeit. Da viele Betroffene auch Milchzucker (Laktose) nicht vertragen, also eine Laktose-Intoleranz haben, nenne ich auch jeweils laktosefreie Milchprodukte als Alternative.

Ich würde mich freuen, wenn mein Buch Anreiz und Hilfe ist, um viele leckere Kuchen, Brötchen und Brote zu backen. Falls ein Rezept Ihnen nicht auf Anhieb gelingt, bitte nicht verzweifeln, sondern einfach weiterprobieren. In diesem Sinne, viel Erfolg und Spaß beim Backen!

Ihre Muriel Frank, Bad Homburg

Kleine Backschule

Glutenfrei kann man genauso vielseitig und lecker backen wie mit Gluten. Man muss nur etwas umdenken, die neuen Zutaten kennenlernen und einige Kniffe verwenden, die das Brot dennoch knusprig und den Kuchen saftig werden lassen.

Welche Mehle sind glutenfrei?

Bei Zöliakie müssen alle Lebensmittel, in denen das Klebereiweiß Gluten enthalten ist, konsequent gemieden werden. Das gilt auch für kleinste Mengen, wie Brotkrümel im Brotkorb, Toaster oder auf dem Schneidebrett. Es ist wichtig, dass Sie penibel jegliche Aufnahme von glutenhaltigen Produkten vermeiden. Falls die restliche Familie weiterhin glutenhaltig isst, sollte es in der Küche daher

▼ Glutenfreie Mehle haben andere Backeigenschaften als das herkömmliche Weizenmehl.

eine strikte Trennung der Küchenutensilien für die Zubereitung glutenhaltiger und glutenfreier Speisen geben.

Glücklicherweise enthalten nicht alle Getreidearten Gluten, sodass auch wir Zölis nicht auf leckere Kuchen und Gebäcke verzichten müssen:

Amaranth. Amaranth ist der kleine Samen eines Inkagrases. Dieses getreideähnliche Gewächs wird in Europa nur selten als Kulturpflanze angebaut. Das Pseudogetreide bietet für die glutenfreie Küche eine willkommene Abwechslung, beispielsweise gepufft in Müsliriegeln oder als Beilage zu Gemüse oder bei Dessertspeisen wie Pudding und Creme. Amaranth entfaltet beim Kochen seinen typisch nussigen Geruch. Amaranthmehl eignet sich aber nur begrenzt zum Backen.

Buchweizen. Buchweizen ist kein Getreide, sondern ein Knöterichgewächs. Da es kein Klebereiweiß enthält, eignet es sich wunderbar für die glutenfreie Küche. Buchweizen hat einen kräftigen nussigsandigen Geschmack. Buchweizenmehl eignet sich besonders für Brotteige, Waffeln, Teigböden oder Gebäcke.

Hirse. Hirse ist eine uralte Getreideart. Sie schmeckt mild und zart, enthält viel Fluor und Kieselsäure (gut für Haut und Haare). Aus den Hirsekörnern werden entweder Mehl oder Flocken hergestellt. Verwenden lässt sich Hirse unter anderem in Kleingebäck, in Aufläufen oder für Pizzaböden. Hirse wird sehr schnell bitter und bekommt dann einen unangenehmen Geschmack. Deshalb immer nur in kleinen Mengen besorgen und möglichst zeitnah verbrauchen.

Kochbananenmehl. Dieses Mehl wird aus getrockneten Kochbananen hergestellt. Die ursprünglich aus dem indischen Raum stammende Frucht wächst in den tropischen und subtropischen Regionen der Erde. Kochbananen enthalten mehr Stärke als Obstbananen, da sie vor ihrer endgültigen Reife verarbeitet und verzehrt werden. Kochbananenmehl eignet sich besonders gut zur Zubereitung von Kuchen und Brot.

Kartoffelmehl. Kartoffelmehl wird aus Kartoffeln durch Zerkleinern und Ausschlämmen gewonnen. Es ist ein Stärkemehl, das sich zum Kochen und zum Backen eignet. Kartoffelmehl lässt sich nur in Kombination mit anderen Mehlen in der glutenfreien Küche einsetzen, dann jedoch wird das Backwerk lockerer.

Kastanienmehl. Dies ist ein Mahlprodukt aus getrockneten, rohen Kastanien. Es enthält einen hohen Anteil an Kohlenhydraten und Mineralstoffen. Kastanienmehl hat einen süßlichen Geschmack. Es eignet sich für die Zubereitung von Crêpes und Fladenbrot.

Maismehl. Maismehl ist ein häufiger Bestandteil glutenfreier Backwaren. Es ist in Lateinamerika noch heute eines der wichtigsten Grundnahrungsmittel. In Europa und den Industrieländern wird Mais eher zu Tierfutter verarbeitet. Für die glutenfreie Küche ist er aber unverzichtbar. Maismehl eignet sich für Kuchen und Kleingebäck, Maispizza und Maisbrötchen. Für Brotteige und insbesondere Hefeteige eignet sich Maismehl allerdings nicht; hier müssen auf jeden Fall noch andere Mehlsorten (beispielsweise Reismehl und Maisstärke) zugemischt werden.

Quinoa. Quinoa ist ein kleines, abgeflachtes Korn aus den Anden. Es ist ein wenig größer als Amaranth und ähnelt mit seinen kleinen gelblichen Körnern der Hirse. Quinoa ist wesentlich reicher an Eisen und Eiweiß als Getreide. Das Gänsefußgewächs Quinoa lässt sich vielseitig für Suppen, Eintöpfe und Süßspeisen verwenden.

Reismehl. Reis ist die am weitesten verbreitete und am häufigsten angebaute Nutzpflanze der Welt. Reis ist wie Mais häufiger Bestandteil von glutenfreien Backwaren. Reismehl eignet sich vor allem für die Brotherstellung, aber auch für Kuchen und Gebäcke.

Sojamehl. Sojamehl wird aus der Sojabohne gewonnen. Sojamehl findet sich als Zusatz in Backwaren. Sojamehle sollten beim Backen deshalb tatsächlich nur als Zusatzmehl verwendet werden, es verbessert dann den Teig, dient als Stabilisator und Emulgator.

Teff. Teff ist ein altes äthiopisches Kulturgetreide und gehört zur Gattung der Süßgräser. In Afrika wird es bereits seit Tausenden von Jahren kultiviert und hat

Wo bekommt man glutenfreie Mehle?

Mehl	Hersteller	Bezugsquelle	Preis (Stand: Feb. 2011)
Amaranthmehl	Wertz	Allergico-shop.de	2,99 € (500 g)
Buchweizenmehl	Alnatura Wertz	DM-Drogerie Allergico-shop.de	1,70 € (500 g) 2,49 € (500 g)
Hirsemehl	Wertz	Reformhaus	4,35 € (1000 g)
Kastanienmehl	Hammermühle Hanneforth	Reformhaus Hanneforth.de	4,99 € (500 g) 6,40 € (1000 g)
Kochbananen-mehl	Hanneforth	Hanneforth.de	7,95 € (1000 g)
Maismehl	Hammermühle	hammermuehle-shop.de	1,70 € (1000 g)
Quinoamehl	Wertz	Allergico-shop.de	4,39 € (500 g)
Reismehl	Bezgluten Hammermühle	glutenfrei-supermarkt.de hammermuehle-shop.de oder Reformhaus	1,70 € (500 g) 2,72 € (1000 g)
Sojamehl	Hensel	Reformhaus	3,25 € (500 g)
Teffmehl, dunkel Teffmehl, hell	3 Pauly 3 Pauly	Reformhaus Reformhaus	~ 3,00 € (500 g) 5,69 € (800 g)

inzwischen auch den Weg nach Europa gefunden. Teffmehl hat einen angenehmen nussigen Geschmack und verleiht Backwaren eine dunkle Farbe. Teffmehl eignet sich hervorragend für Brote, Pfannkuchen, Kuchen und auch zum Binden von Soßen.

Die nebenstehende Tabelle listet einige Hersteller und Bezugsquellen der genannten glutenfreien Mehle. Dabei handelt es sich lediglich um eine Auswahl. Es gibt diverse Hersteller und glutenfreie Mehle können Sie nicht nur im Reformhaus kaufen, sondern oft auch im Drogeriemarkt, im Supermarkt und selbstverständlich auch via Internet beziehen. Die genannten Preise, die sich natürlich laufend verändern können, zeigen bereits, dass es einen erheblichen Kostenunterschied macht, welche Mehlsorte man auswählt.

Weitere Zutaten zum glutenfreien Backen

Der Bestandteil Gluten in Weizen, Gerste & Co. sorgt für die guten Backeigenschaften dieser Getreidesorten. Beim glutenfreien Backen braucht man daher weitere Zutaten, damit Brot und Gebäck locker, saftig oder knusprig werden. Folgende Zutaten sind wichtige Helfer, wenn Sie Ihre glutenfreien Backmehle selbst zusammenmischen. In fertigen, glutenfreien Backmischungen sind entsprechende Feuchthaltemittel, Bindemittel usw. bereits enthalten.

Apfelfaser. Apfelfaser ist ein Ballaststoff, der aus entsafteten und getrockneten Äpfeln gewonnen wird. Er macht Backwaren saftiger und hält sie länger frisch. Apfelfasern färben die Backwaren schön dunkel und verbreiten ein sehr angenehm fruchtiges Aroma.

Bindino. Bindino (von Brecht) ist ein Bindemittel auf Basis pflanzlicher Verdickungsmittel (Johannisbrotkernmehl, Guarkernmehl). Es eignet sich sowohl für kalte als auch für warme Speisen. Bindino bindet süße und salzige Speisen, da es vollkommen geschmacksneutral ist.

Bindobin. Bindobin (von Tartex) ist ein pflanzliches Bindemittel aus Johannisbrotkernmehl, welches anstelle von Mehl, Eigelb oder Stärkemehl eingesetzt werden kann. Es ist kalorienarm, geschmacksneutral, cholesterinfrei und natürlich glutenfrei.

Flohsamenschalen. Die Flohsamenschalen (Fiber Husk) haben sehr gute
Quelleigenschaften. Sie nehmen dadurch
besonders gut Flüssigkeit auf und halten
diese besser in den glutenfreien Backwaren. So trocknen diese nicht so schnell
aus.

Inulin. Inulin ist ein präbiotischer, natür-
licher Ballaststoff und ist vergleichbar
mit Stärke. Es kann aus den Zichorien-
wurzeln in einem Verfahren gewonnen
werden, das der Gewinnung von Zucker

aus der Zuckerrübe gleicht. Es eignet
sich hervorragend zum Backen, denn es
fördert die Lockerheit der Backwaren. Es
weist eine cremigweiche Konsistenz auf.

Sojalecithin. Sojalecithin wird in der
glutenfreien Küche meist als Emulgator
eingesetzt, da es eine bessere Verbin-
dung zwischen Fett- und Wassermole-
külen ermöglicht. Bei Brot und anderen
Backwaren erleichtert Lecithin das Aufschlagen fetthaltiger Teige und ermöglicht die Verwendung kleberarmer Teige.
Die Verwendung von Sojalecithin bei
Brötchen führt zu einer feineren Porung
und einer knusperigen Kruste. Zusätzlich
hält es die Backwaren länger frisch.

Xanthan. Xanthan ist ein natürliches
Verdickungs- und Geliermittel. Es wird
in Backwaren, Suppen, Soßen, Ketchup,
Marmeladen, Desserts, Speiseeis eingesetzt. Gerade beim Backen von Brot und
Brötchen mit Hefe ermöglicht das Xanthan eine lockere Porung und verhindert
das Auseinanderlaufen von Teigen.

◄ Es genügen einige wenige Zutaten,
um die Backeigenschaften glutenfreier
Mehle entscheidend zu verbessern.

Bezugsquellen weiterer Backzutaten.

Verdickungsmittel/ Bindemittel	Hersteller	Bezugsquelle	Preis (Stand: Feb. 2011)
Bindino	Brecht	Reformhaus	5,95 € (100 g)
Bindobin	Tartex	Reformhaus	5,95 € (100 g)
Flohsamenschalen (gemahlen)	Apozen Vertriebs GmbH	Aponeo.de	11,95 € (500 g)
Inulin	Spinnrad	Amazon.de	5,49 € (500 g)
Sojalecithin (Rein-lecithin Pulver)	Spinnrad	Spinnrad.de	7,90 € (250 g)
Xanthan	Spinnrad	Spinnrad.de	4,85 € (30 g)

Was man bei Laktose-Intoleranz beachten sollte

Wenn bei Ihnen zusätzlich eine Laktose-Intoleranz besteht, Sie also Milchzucker nicht oder nur in sehr geringen Mengen vertragen, gibt es ebenfalls Produkte, in denen der Milchzucker bereits aufgespalten wurde. Die entsprechenden »laktosefreien« Lebensmittel enthalten weniger als 0,1 g Laktose/100 g. Die größte Produktauswahl bietet zurzeit Omira mit der Marke »Minus L«, die in vielen Supermärkten und auch via Internet erhältlich ist. Die Angebotspalette umfasst nicht nur Milch, sondern auch Butter, Quark, Joghurt, Käse, Sahne, Schmand, Feinkostartikel, Desserts, Schokolade, um nur einige zu nennen. Weitere Anbieter laktosefreier Milchprodukte sind z. B. die Milch-Union Hocheifel (MUH), die Molkerei Weihenstephan und die Breisgaumilch GmbH.

Wenn Sie Sojaprodukte vertragen, könnten Sie die herkömmliche Milch und Sahne auch durch Sojamilch und Sojasahne ersetzen.

Falls Milchprodukte zum Rezept gehören, gebe ich Ihnen im Rezeptteil jeweils Hinweise, wie Sie diese durch laktosefreie Lebensmittel ersetzen können.

Nützliche Küchengeräte

Wer beginnt, glutenfrei zu backen, den erwarten neue Herausforderungen. Um die Umstellung auf eine glutenfreie Küche zu erleichtern, möchte ich einige nützliche Küchengeräte vorstellen.

Küchenmaschine. Ich persönlich arbeite sehr häufig mit einer Küchenmaschine, da diese leistungsfähiger als ein kleines Handrührgerät ist und ich damit größere Mengen Teig vorbereiten kann. Eine gute Küchenmaschine ersetzt zudem häufig viele verschiedene Geräte. Es gibt Aufsätze zum Pürieren, zur Nudelherstellung oder auch zum Mahlen von Getreide.

Da eine Küchenmaschine sehr langlebig ist – die von meiner Mutter existiert seit über 10 Jahren – rate ich zu einer Anschaffung. Beim Kauf ist darauf zu achten, dass das Gerät über mindestens 2 Kilogramm Füllgewicht verfügt, dass der Motor leistungsfähig ist und stabiles Zubehör (robuste Knethaken und Rührbesen) mitgeliefert wird.

Getreidemühle. Eine eigene Getreidemühle ermöglicht jedem, der auf Gluten verzichten muss, weitestgehend unabhängig von Reformhäusern und Bioläden zu sein. Auf lange Sicht ist das Mahlen von Getreide zudem wesentlich preisgünstiger. Ich benutze eine Getreidemühle von Hawos. Sie besitzt einen harten Mahlstein. Die Trichterfüllmenge beträgt 1300 Gramm. Sie hat verschiedene Mahlstufen, von grob bis ganz fein. Die eigene Getreidemühle ermöglicht es mir, auch kleinere Mengen von Buchweizen, Reis oder Mais frisch zu mahlen oder zu schroten.

Silikonbackformen. Glutenfreie Backwaren kleben teilweise trotz sorgfältiger Einfettung oder Backpapier. Aus diesem Grund empfehle ich Silikonbackformen. Diese sind flexibel, langlebig und unempfindlich, was gerade in der glutenfreien Küche von Vorteil ist. Das Material ist stabil und temperaturresistent, das heißt, es eignet sich für den Kühlschrank oder den Tiefkühler genauso gut wie für den Backofen. Die Silikonformen sind geruchs- und geschmacksneutral. Nach der Benutzung können sie in der Spülmaschine gereinigt werden. Silikonbackformen gibt es in den verschiedensten Variationen, zum Beispiel für Muffins, Madeleines, Herzen, Pralinen, Torten, Kuchen. Aber auch Plätzchenausstecher und Silikonmatten sind mittlerweile aus 100 Prozent Silikon erhältlich.

Emaillierte Backform. Emaillierte Backformen verkratzen nicht, sind spülmaschinengeeignet und besitzen eine Antihafteigenschaft. Die Anschaffungskosten sind zwar meist hoch, aber da sie unempfindlich und langlebig sind, amortisieren sich die Kosten auf lange Sicht gesehen. Ich nutze Backformen (Springformen, Blechkuchen-Springform) mit Diamant-Emaille-Beschichtung von Zenker.

Brotbackautomat. Brotbackautomaten sind eine nützliche Erfindung für alle, die wenig Zeit haben und hohen Aufwand scheuen. Die Bedingung der Geräte ist einfach: Die gewünschten Zutaten in den Backbehälter füllen und das entsprechende Programm starten. Das Gerät übernimmt dann den gesamten Backvorgang, vom Kneten über das Ruhen bis hin zum Backen. Heute besitzen sogar viele Brotbackautomaten ein spezielles glutenfreies Brotbackprogramm.

Mein Urteil: Brotbackautomaten sind definitiv nützlich und erleichtern Anfängern das Brotbacken. Ich bevorzuge dennoch den Backofen und damit den Mehraufwand, da ich die Brote aus dem Backofen besser finde.

Baguettebackform. Erst vor kurzem habe ich diese Baguette-Backformen für mich entdeckt. Die Backform ist antihaftbeschichtet, sie besitzt eine spezielle Lochung, wodurch das Baguette schön knusprig wird und ist äußerst stabil und gibt dem Baguette damit eine schöne Form. Ich nutze die Baguettebackform aber nicht nur für die Herstellung von Baguette, sondern auch für andere Brötchen.

Tortenboden-Schneidhilfe. Die Tortenboden-Schneidhilfe von Zenker ist gerade für das gleichmäßige Schneiden von Biskuitböden unerlässlich. Von nun an gleicht nämlich ein Tortenboden dem anderen! Die Kuchen-Schneidhilfe führt das Konditormesser sicher und gleichmäßig durch die gewählte Ebene.

Tortenheber. Um Biskuitböden mühelos abheben zu können, nutze ich einen Tortenheber (Maße 31 × 28 cm). Ich verhindere damit, dass die Biskuitböden brechen.

Nützliche Backtipps

Da ich mich selbst zur leidenschaftlichen Bäckerin gemausert und mittlerweile sehr viele Erfahrungen gesammelt habe, möchte ich Ihnen noch einige hilfreiche Tipps mit auf den Weg geben, die sehr zum Gelingen betragen können. Wenn Sie beispielsweise gern eine schöne Kruste am Brot haben möchten, können Sie den Teig vor dem Backen mit etwas Wasser, Öl, Milch, einem Wasser-Stärke-Gemisch oder verquirltem Ei bestreichen. Ein zusätzlicher Nebeneffekt ist, dass die Gebäckoberfläche schön glänzend wird.

Die Feuchtigkeit im Teig regulieren

Ist ein Brotteig zu feucht, nicht zu viel Mehl einarbeiten, da sonst der Teig beim Ausbacken hart und trocken wird. Flohsamenschalen können überschüssige Feuchtigkeit aufnehmen und sie im Teig halten. Das Gleiche gilt für getrocknete Apfelschalen. Und noch ein Tipp zum Brotbacken: Immer ein feuerfestes Gefäß mit Wasser in den Backofen stellen, das verhindert das Austrocknen. Der Teig nimmt die Feuchtigkeit auf und wird lockerer.

Wenn beispielsweise ein Kuchenteig zu flüssig ist, können Sie etwas Mais- und Kartoffelstärke beigeben. Doch auch hier gilt: Nicht zu viel, da sonst der Teig beim Ausbacken hart und trocken wird. Der Teig muss beim Umrühren eine locker-leichte Konsistenz haben. Wenn Inulin in Gebäcken verwendet wird, bitte beachten, dass Teige, die zu Beginn sehr flüssig schienen, nachdicken. Es ist also darauf zu achten, dass nicht zu viel Mehl eingearbeitet wird, sonst wird das Gebäck zu trocken. Ist der Teig dagegen zu trocken, geben Sie einfach etwas Wasser hinzu.

Teig ausrollen und Backformen

Zum Ausrollen von Teigen immer ein wenig Mehl oder Maisstärke nutzen. Auch die Arbeitsflächen immer bemehlen. Wenn der Teig (zum Beispiel bei den Nougatsternen) klebt, ist es sehr hilfreich, ihn zwischen Klarsichtfolie oder Backpapier auszurollen. Doch auch hier sollte man die Klarsichtfolie oder das Backpapier mit ein wenig Mehl oder Maisstärke bestäuben, da sich sonst der Teig nicht lösen lässt. Mürbe- und Quarkteige sollten vor dem Ausrollen beziehungsweise der Weiterverarbeitung

20 Min. im Kühlschrank aufbewahrt werden. Dann sind sie nicht mehr so klebrig.

Damit die glutenfreien Teige nicht an den Backformen hängen bleiben, empfehle ich Silikon- oder emaillierte Backformen. Ich benutze hauptsächlich Silikonbackformen. Für Brötchen und Brote gibt es Kasten- und runde oder ovale Brotbackformen. Nützlich sind aber auch die Baguettebackformen. Mit bemehlten Händen (am besten: Maisstärke) können die Brötchen aber auch zu runden Kugeln geformt werden.

Wichtig: die richtige Temperatur

Hefeteige müssen an einem warmen Ort gehen. Entweder man nutzt den Backofen bei ungefähr 30 Grad oder die Fensterbank über einer Heizung. Im Sommer kann man den Teig auch zugedeckt in die Sonne stellen. Glutenfreie Hefeteige brauchen bei nicht optimalen Bedingungen eine längere Gehzeit. Damit die Hefeteige nicht austrocknen, bitte mit einem feuchten Geschirrtuch (wahlweise auch mit einem feuchten Küchenflies) zudecken.

Generell sollten die verwendeten Backzutaten Zimmertemperatur haben, dann lassen sie sich am besten verarbeiten. Bei der Verwendung von MinusL-Sahne ist allerdings unbedingt darauf zu achten, dass sie mindestens kühlschrankkalt ist. Ansonsten vor Gebrauch 30 Min. in den Tiefkühler stellen.

Wenn der Teig nicht aufgeht

Dass ein Teig nicht aufgeht, kann mehrere Ursachen haben. Einerseits könnte es dem Teig an Backtriebmittel (Hefe oder Backpulver) fehlen. Andererseits könnte es dem Teig an Wasser fehlen, sodass die Backtriebmittel (zum Beispiel Hefe) ihre Fähigkeiten nicht richtig entfalten können. Oder aber der Teig steht an einem zu kalten Ort. Dann verlängert sich das Aufgehen des Teiges um ein Vielfaches.

Einfrieren

Glutenfreies Brot trocknet schnell aus und wird zudem bereits nach wenigen Tagen schimmelig. Daher rate ich, die Brote entweder rasch zu verzehren oder bei größeren Mengen die Brote einzufrieren. Vor dem Einfrieren die Brote am besten in Scheiben schneiden, so kann man nach Bedarf die einzelnen Scheiben auftauen. Tiefgekühlte Brotscheiben lassen sich im Toaster wieder aufbacken und werden wieder frisch und knusprig.

▲ Es kann verschiedene Ursachen haben, wenn der Teig nicht aufgeht.

Weitere Tipps

- Zu viel Backpulver verleiht dem Gebäck eine scharfe Note und hinterlässt auf der Zunge einen pelzigen Geschmack. Daher genau auf die Angaben in den Rezepten achten. Generell ist darauf zu achten, dass nur glutenfreies Backpulver (z. B. Weinsteinbackpulver) verwendet wird.
- Bei der Herstellung von großen Teigmengen sollte man eine Küchenmaschine benutzen. Sie erleichtert die Arbeit und vermengt den Teig gleichmäßig.
- Damit das Mehl dunkler wird, kann man Braunhirse, Buchweizenschrot, Kastanienmehl, Apfel- oder Zuckerrübenfasern hinzufügen.
- Maismehl eignet sich nicht zum Backen von Broten. Nur in Kombination mit ausreichend Reismehl und Maisstärke kann Maismehl in kleinen Mengen verwendet werden.

Hinweise zum Rezeptteil

Die angegebenen Backzeiten und -temperaturen können leicht variieren, da Backöfen zum Teil sehr unterschiedlich heizen. Ich empfehle daher, die Backzeit eher zu reduzieren und im Zweifelsfall den Zahnstochertest anzuwenden. Wenn am Zahnstocher noch flüssige Teigreste hängen bleiben, sollte man die Backzeit um mindestens weitere 5 Min. verlängern.

Ich habe die glutenfreien Backwaren mit Umluft gebacken. Wer die Rezepte mit Ober- und Unterhitze nachbacken möchte, der muss die Gradzahl um rund 20 Grad erhöhen. Die Backzeit bleibt gleich. Ein wachsamer Blick ist allerdings immer wichtig.

Viele Rezepte lassen sich sowohl mit einer fertigen Mehlmischung als auch mit einer selbst hergestellten Mischung zubereiten. Damit Sie je nach Lust und Zeit die freie Wahl haben, finden Sie in den Rezepten beide Angaben. Bei den Fertigmischungen habe ich jeweils ein konkretes Produkt genannt, mit dem es nach meiner Erfahrung gut klappt. Natürlich steht es Ihnen frei, andere Hersteller/Marken zu verwenden, wobei sich dann auch die Backeigenschaften verändern können. Eine Garantie aufs Gelingen gibt es aber selbst bei dem gleichen Produkt nicht, da sich auch hier die Zusammensetzung verändern kann. Also bitte nicht verzweifeln, wenn das Gebäck mit einer geänderten Mehlmischung nicht mehr so gelingt wie vor der Umstellung. Gegebenenfalls stimmen nach einer Änderung der Mehlmischung auch die Wasser- oder Milchangaben nicht mehr. Es ist dann hilfreich, auf der Verpackung die Backanleitung und die Zutatenliste nachzulesen.

Unter dem Punkt »Mehl selbst mischen« finden Sie alle Angaben, wie Sie Ihre eigene Mischung kreieren. Da glutenfreies Mehl aufgrund des fehlenden Klebereiweißes schnell bröselig wird und leicht zerfällt, ist der Zusatz von Bindemittel

unerlässlich, wie beispielsweise Guarkernmehl und Johannisbrotkernmehl, die glutenfrei sind. Apfelfasern sorgen dafür, dass die Backwaren saftig werden.

Falls Milchprodukte zum Rezept gehören, gebe ich auch jeweils die laktosefreien Alternativen an, wobei ich hier generell die MinusL-Produkte nenne, weil es unter dieser Marke zurzeit einfach die meisten laktosefreien Milchprodukte gibt. Selbstverständlich können Sie auch eine andere Marke wählen, laktosefreie Milch gibt es beispielsweise von unterschiedlichen Anbietern.

Lassen Sie das Gebäck vor dem Anschneiden abkühlen, da es sonst auseinanderbrechen oder bröseln könnte. Gut ausgekühlt schmecken Brote und Gebäcke auch einfach besser.

Verwendete Symbole und Abkürzungen:

✳	So gekennzeichnete Rezepte sind zum Einfrieren geeignet.
TL	Teelöffel
EL	Esslöffel
Msp.	Messerspitze

Köstliche Rezepte

Was wollen Sie zuerst ausprobieren? Ein Brot, einen Sonntagskuchen oder Kekse? Die folgenden Rezepte bieten Ihnen eine breite Auswahl an glutenfreien Köstlichkeiten, damit Sie wieder unbeschwert genießen können.

BROT

Kastanienbrot mit Pinienkernen
für eine Kastenform (750 ml) – ergibt 20 Scheiben

❄ ⏱ 10 Min. + 90 Min. ruhen + 30 Min. backen

400 g Mehlmix B (von Dr. Schär) · 100 g Kastanienmehl ·
10 g Meersalz · 20 g Frischhefe · 375 ml Wasser, lauwarm ·
50 g Pinienkerne

▶ **Mehl selbst mischen**
250 g Maisstärke · 150 g Reismehl · 30 g Kartoffelflocken ·
3 g Bindino

- Das glutenfreie Mehl, Kastanienmehl und Salz in einer
  Schüssel vermischen. Die Hefe in dem lauwarmen Wasser
  auflösen und in das Mehlgemisch geben. Die Pinienkerne
  hinzufügen. Alles zu einem Teig verkneten und an einem
  warmen Ort rund 1 Std. gehen lassen.
- Nach der Ruhezeit in eine Kastenform umfüllen und
  nochmals 30 Min. gehen lassen.
- Im vorgeheizten Backofen 30 Min. bei 230 Grad backen.

BROT

BROT

Dunkles Brot

für eine Kastenform (750 ml) – ergibt 20 Scheiben

42 g Frischhefe · 400 ml lauwarmes Wasser · 500 g glutenfreie Backmischung dunkles Brot (von Schneekoppe) · 50 ml Sonnenblumenöl

▶ **Mehl selbst mischen**
270 g Maisstärke · 170 g Reismehl · 60 g Apfelfasern · 10 g Salz

 15 Min. + 1 Std. ruhen + 50 Min. backen

- Die Frischhefe in dem lauwarmen Wasser auflösen. Das Mehl in eine Schüssel geben. Hefewasser und das Öl hinzugeben und alles zu einem Teig verkneten.
- Anschließend den Teig in eine Kastenform geben und mindestens eine Std. an einem warmen Ort gehen lassen. In dieser Zeit vergrößert sich der Teig sichtbar.
- Den Teig an der Oberseite etwas einschneiden und dann im vorgeheizten Backofen 50 Min. backen (10 Min. bei 230 Grad und 40 Min. bei 160 Grad).
- Das Brot auf einem Gitterrost auskühlen lassen.

Teff-Brot

für eine Kastenform (750 ml) – ergibt 20 Scheiben

500 g Teffmehl, hell oder dunkel (von 3 Pauly) · 1 TL Salz · 2 TL Olivenöl · 500 ml Wasser, lauwarm · 20 g Frischhefe · 100 g gehackte Walnüsse

 10 Min. + 50 Min. backen

- Mehl, Salz und Öl in eine Schüssel geben. Die Hefe in dem lauwarmen Wasser auflösen und zu dem Mehlgemisch geben. Langsam verrühren, bis eine cremige Masse entsteht. Dann noch die Walnüsse hinzugeben.
- Den Teig in eine Kastenform füllen und bei 220 Grad 50 Min. backen.

Italienisches Olivenbrot

für eine Kastenform (750 ml) – ergibt 20 Scheiben

 ✻ ⊙ 15 Min. + 105 Min. ruhen + 30 Min. backen

- Aus den ersten 6 Zutaten einen nicht zu weichen Teig verarbeiten. Den Teig 5 Min. stehen lassen. In der Zwischenzeit die Oliven in dünne Ringe schneiden und dann vorsichtig unter den Teig geben. Weitere 75 Min. gehen lassen.
- Den Teig erneut durchkneten und wenn nötig mit ein wenig lauwarmen Wasser beträufeln. Diesen dann in eine Kastenform füllen und erneut 30 Min. gehen lassen.
- Danach im vorgeheizten Backofen bei 230 Grad rund 30 Min. knusprig backen.

Tipp

Ein frisch gebackenes Olivenbrot schmeckt zu einem Tomaten-Mozzarella-Salat, auch Insalata Caprese genannt, oder Antipasti mit herzhaftem Käse gut.

300 g Mehlmix B (von Dr. Schär) · 100 g Sauerteig (siehe Rezept zum Sauerteigbrot) · 10 g Hefe · 7 g Salz · 10 g Olivenöl · 300 ml Wasser · 100 g entkernte Oliven, grün oder schwarz

▶ Mehl selbst mischen
150 g Maisstärke · 100 g Reismehl · 25 g Apfelfasern · 25 g Kochbananenmehl · 3 g Bindobin

BROT

Kartoffelbrot

für eine Kastenform (750 ml) – ergibt 20 Scheiben

400 g Kartoffeln, fest-
kochend · 100 ml Wasser,
kochend · 400 g Mehl-
mix B (von Dr. Schär) ·
1 Päckchen Trockenhefe ·
3 TL Salz · 25 g Lein-
samen · 1 Ei

▶ Mehl selbst mischen
200 g Maisstärke · 150 g
Reismehl · 50 g Kartoffelmehl · 3 g Bindino

※ ◔ 15 Min. + 30 Min. ruhen + 50 Min. backen

- Kartoffeln schälen, waschen, abtropfen und fein reiben.
  Die geriebenen Kartoffeln mit 100 ml kochendem Wasser
  überbrühen.
- Mehl mit Trockenhefe, Salz und Leinsamen in eine Schüssel geben und vermischen. Die Kartoffelmasse und das Ei
  hinzufügen. Teig gut durchkneten und zugedeckt an einem warmen Ort mindestens 30 Min. gehen lassen. Ofen
  auf 225 Grad vorheizen.
- Dann den Kartoffelteig in eine Kastenform füllen und in
  den Ofen schieben. Das Kartoffelbrot auf der mittleren
  Schiene ca. 20 Min. bei 225 Grad backen. Temperatur auf
  200 Grad herunterschalten und weitere 30 Min. backen.

BROT

Türkisches Fladenbrot
für 1 Fladenbrot

300 g Mehlmix B (von Dr. Schär) · 25 g frische Hefe · ½ TL Salz · ½ TL Zucker · 2 EL Olivenöl · 225 ml Wasser, lauwarm · Sesamsamen oder türkischer Kümmel zum Bestreuen

▶ Mehl selbst mischen
170 g Reismehl · 120 g Kartoffelmehl · 3 g Xanthan · 10 g Inulin · statt 200 ml nur 150 ml Wasser verwenden

❋ ⊙ 15 Min. + etwa 1 Std. ruhen + 25 Min. backen

- Das Mehl mit Salz und Zucker vermischen. Das Olivenöl hinzufügen. Die Hefe in dem lauwarmen Wasser auflösen. Dann alle Zutaten gut vermischen, bis ein glatter Hefeteig entsteht.
- Den Teig zunächst an einem warmen Ort auf die doppelte Größe gehen lassen.
- Noch einmal durchkneten, dann zu einem Fladenbrot formen und auf ein mit Backpapier belegtes Blech legen. Mit einer Gabel mehrfach einstechen.
- Den Fladen mit leicht angefeuchteten Händen abreiben und dann mit Sesamsamen oder schwarzem türkischen Kümmel bestreuen.
- Wiederum 30 Min. gehen lassen. Dann im vorgeheizten Ofen etwa 25 Min. bei 200 Grad backen.

Brot aus selbst gemachtem Sauerteig

für eine Kastenform (750 ml) – ergibt 20 Scheiben

❄ ⏱ 30 Min. + 13 Std. ruhen + 50 Min. backen

- Die Zutaten für den Sauerteigstarter vermischen und in ein Glas mit Schraubverschluss füllen. Den Starter an einen warmen Ort stellen und 2–3 Tage warten, bis das Mehl-Wasser-Gemisch luftig, fluffig und blasig wird.
- Dann einen Sauerteig mit Mehl, Wasser und Starter ansetzen. Dafür Reismehl und Wasser mit 2 EL Starter mischen und dann mindestens 12 Stunden ruhen lassen. Daher am besten abends den Teig ansetzen und am nächsten Tag weiter bearbeiten.
- Am nächsten Tag zunächst 2 EL vom Sauerteig abnehmen und in ein sauberes Glas mit Schraubverschluss füllen. Dieser Starter hält sich im Kühlschrank mindestens 2 Wochen und kann bis zum Backen des nächsten Sauerteigbrotes aufbewahrt werden.
- Dann die trockenen Zutaten beigeben. Die Hefe in dem lauwarmen Wasser auflösen und hinzufügen. Nun den Teig kräftig durchkneten und zweimal 30 Min. gehen lassen.
- Den Brotteig in eine Kastenform geben und im vorgeheizten Backofen erst 30 Min. bei 250 Grad und dann weitere 20 Min. bei 200 Grad backen.

Zutaten für den Sauerteigstarter:

50 g Reismehl, grob · 50 g Reiskleie mit Keim · 50 ml kaltes Wasser

für den Sauerteig:

200 g Reismehl · 180 ml Wasser · 2 EL Starter

nach 12 Stunden:

150 g Reismehl · 100 g Maismehl · 50 g Sojamehl · 20 g Braunhirse, gemahlen · 10 g Flohsamenschalen · 65 g Hefe · 250 g lauwarmes Wasser

BROT

31

BROT

Mandelrosinenbrot

für eine Kastenform (750 ml) – ergibt 20 Scheiben

150 g Rosinen · 3 EL Rum · 480 g Sibylle-Diät Mehlmischung hell · 80 g Zucker · ½ TL Salz · ½ Würfel Hefe 300 ml Milch, lauwarm · 1 Ei · 1 Eiweiß · 50 g Butter · 100 g Mandelsplitter · 1 Ei zum Bestreichen

▶ Laktose meiden

300 ml MinusL-Milch · 50 g MinusL-Butter oder Margarine

❄ ⏱ 20 Min. + 1 Std. ruhen + 45 Min. backen

- Die Rosinen in ein kleines Schälchen geben und den Rum darübergießen. Weichen lassen.
- Das Mehl mit Zucker und Salz vermischen. Die Hefe in der Milch auflösen und diese dann langsam unterkneten. Ei, Eiweiß und weiche Butter hinzufügen. Dann die Rosinen und die Mandelsplitter dazugeben.
- Die Schüssel mit einem Küchentuch abdecken und an einem warmen Ort etwa 30 Min. ruhen lassen. Nach der Ruhezeit in eine Kastenform füllen und weitere 30 Min. gehen lassen.
- Damit die Gebäckoberfläche besonders schön wird, mit verquirltem Ei bestreichen. Anschließend im vorgeheizten Backofen 45 Min. bei 200 Grad backen.

Veränderte Zubereitung

- Die Rosinen in ein kleines Schälchen geben und den Rum darübergießen. Weichen lassen.
- Die Mehlzutaten mit Zucker und Salz vermischen. Die Hefe in der Milch auflösen und diese dann langsam unterkneten. Weiche Butter und Quark unterkneten. Dann die Rosinen und die Mandelsplitter dazugeben.
- Die Schüssel mit einem feuchten Küchentuch abdecken und an einem warmen Ort etwa 30 Min. ruhen lassen. Nach der Ruhezeit in eine Kastenform füllen und weitere 30 Min. gehen lassen.
- Damit die Gebäckoberfläche besonders schön wird, mit verquirltem Ei bestreichen. Anschließend im vorgeheizten Backofen bei 200 Grad 45 Min. backen.

▶ **Mehl selbst mischen**

300 g Reismehl · 150 g Kartoffelmehl · 90 g Kochbananenmehl · 5 g Xanthan · 15 g Inulin · 150 g Rosinen · 3 EL Rum · 80 g Zucker · ½ TL Salz · ½ Würfel Hefe · 300 ml Milch, lauwarm · 60 g Butter · 130 g Quark · 100 g Mandelsplitter · 1 Ei zum Bestreichen

▶ **Laktose meiden**

300 ml MinusL-Milch · 60 g MinusL-Butter · 130 g MinusL-Quark

Sauerteigbrot (Brotmix)

für eine Kastenform (750 ml) – ergibt 20 Scheiben

65 g Frischhefe · 450 g
lauwarmes Wasser ·
500 g Sauerteigbrotmix
(z. B. Minderleinsmühle:
Backmischung für Sauer-
teigbrot)

❋ ⓥ 10 Min. + 30 Min. ruhen + 60 Min. backen

■ Die frische Hefe im lauwarmen Wasser auflösen und mit
der Brotmix-Mehlmischung mischen. Zu einem glatten
Teig verkneten. Diesen dann in eine Kastenform geben
und an einem warmen Ort sichtbar aufgehen lassen.
■ Anschließend im vorgeheizten Backofen bei 230 Grad
erst 15 Min. backen, danach 45 Min. bei 200 Grad.

Kürbisbrot

für eine Kastenform (750 ml) – ergibt 20 Scheiben

500 g Kürbis · 100 g Zu-
cker · 500 g Mehlmix B
(von Dr. Schär) · 42 g
Hefe · 100 g Butter · 1 Ei

▶ Mehl selbst mischen
250 g Maisstärke · 150 g
Reismehl · 50 g Kartoffelflocken · 3 g Bindino

▶ Laktose meiden
100 g MinusL-Butter

❋ ⓥ 20 Min. + 35–40 Min. backen

■ Den Kürbis mit dem Zucker aufkochen und abkühlen
lassen.
■ Dann die restlichen Zutaten hinzufügen und gut
verrühren.
■ Den Teig danach in eine Kastenform geben und bei
180 Grad rund 35-40 Min. backen.

Zwiebelbrot

für eine Kastenform (750 ml) – ergibt 20 Scheiben

❋ ⏱ **20 Min. + 40 Min. backen**

- Backofen auf 220 Grad vorheizen. Die Zwiebeln schälen und würfeln. In ein wenig Öl goldbraun andünsten. Hefe und Salz im lauwarmen Wasser auflösen. Mit dem Mehl vermischen, dann die Zwiebeln hinzufügen.
- Den Teig in eine Kastenform füllen und direkt im Backofen 40 Min. bei 220 Grad backen. Nach 20 Min. eventuell mit Alufolie abdecken, damit die Zwiebelstückchen nicht zu dunkel werden.

300 g Zwiebeln · 3 EL Olivenöl · 40 g Hefe · 1 EL Salz · 400 ml lauwarmes Wasser · 50 ml Olivenöl · 500 g Dunkle Brot-Mischung (von Schneekoppe)

▶ **Mehl selbst mischen**
150 g Reismehl · 150 g Kartoffelmehl · 200 g Maisstärke · 20 g Apfelfaser · 30 g Inulin · statt 400 ml nur 250 ml Wasser und statt 50 ml Öl 150 ml Joghurt verwenden

BRÖTCHEN

Sonntagsbrötchen
für 25 Brötchen

❋ ◷ 20 Min. + etwa 1 Std. ruhen + 30 Min. backen

1 kg Mehlmix B (von Dr. Schär) · 2 TL Salz · 750 ml lauwarmes
Wasser · 1 Würfel Hefe · Leinsamen, Blaumohn, Sesam und
Sonnenblumenkerne zum Bestreuen

▶ **Mehl selbst mischen**
700 g Maisstärke · 450 g Reismehl · 10 g Flohsamenschalen ·
1 Xanthan · statt 750 ml jetzt 900 ml Wasser verwenden

- Mehl und Salz in eine große Rührschüssel geben und miteinander mischen. Die Hefe im lauwarmen Wasser lösen.
  Diese dann zu den anderen Zutaten geben und alles gut
  vermengen, bis ein glatter Teig entsteht.
- Den Teig etwa 1 Std. gehen lassen. Dann zu kleinen Brötchen formen. Zuletzt die Brötchen mit einem Pinsel befeuchten und je nach Belieben mit Leinsamen, Blaumohn,
  Sesam oder Sonnenblumenkernen bestreuen.
- Im vorgeheizten Backofen 10 Min. bei 250 Grad und
  20 Min. bei 220 Grad backen.

BRÖTCHEN

Brombeerbuchteln

für 8 Buchteln

400 g Mehlmix B
(von Dr. Schär) · 25 g
Frischhefe · 240 ml
lauwarme Milch · 70 g
Zucker · 50 g Butter ·
2 Eier · 1 TL abgeriebene
Orangenschale · 1 Prise
Meersalz · 150 g Brom-
beeren · 2 TL Maisstärke ·
50 g Butter

▶ Mehl selbst mischen

250 g Reismehl · 100 g
Kartoffelmehl · 40 g
Kochbananenmehl ·
2 g Xanthan · 10 g Inulin

▶ Laktose meiden

240 ml lauwarme
MinusL-Milch · 100 g
MinusL-Butter

❄ ⏱ 30 Min. + mind. 1 Std. ruhen + 25 Min. backen

▬ Das Mehl in eine Schüssel geben. Die Hefe in der lauwarmen Milch auflösen und zu dem Mehl geben. Zucker, 50 g
weiche Butter, Eier, Orangenschale und eine Prise Salz
dazufügen. Alles zu einem glänzenden Teig verkneten. An
einem warmen Ort 30-40 Min. gehen lassen.

▬ In der Zwischenzeit die Brombeeren waschen, trocknen
und pürieren. Mit der Maisstärke versetzen und erneut
pürieren.

▬ Den Teig auf einer bemehlten Fläche zu einer Rolle formen, in 6–8 gleichgroße Stücke schneiden und diese
etwas flach drücken.

▬ Jeweils ein 1 TL Brombeermasse auf die Mitte der Scheiben geben, Teig darüber schlagen und zu einer Kugel formen. 50 g Butter zerlassen, die Kugeln darin wenden.

▬ Mit der Naht nach unten auf ein mit Backpapier ausgelegtes Backblech legen und 15 Min. gehen lassen. Im vorgeheizten Backofen bei 180 Grad 25 Min. backen.

Hamburger Brötchen

für 6 Brötchen

✳ ⊗ 30 Min. + 1½ Std. ruhen + 15 Min. backen

- Zucker und Hefe in die Milch einrühren. Das Mehl mit dem Ei, dem Salz und der weichen Butter in eine Schüssel geben. Die Milch zu den übrigen Zutaten geben und alles zu einem glatten Teig verkneten. Dann mit einem feuchten Tuch zudecken und 1 Std. an einem warmen Ort gehen lassen.
- Danach den Teig wiederum kräftig durchkneten, in 6 Stücke aufteilen und jedes zu einem großen runden Fladen formen und auf ein mit Backpapier belegtes Blech legen. Je nach Belieben mit Sesamkörnern bestreuen. Nochmals 20–30 Min. gehen lassen.
- Dann im vorgeheizten Ofen bei 175 Grad 15 Min. backen. Danach auf einem Kuchengitter auskühlen lassen.

1 EL Zucker · 1 Würfel Frischhefe · 260 l lauwarme Milch · 500 g Mehlmix B (von Dr. Schär) · 1 Ei · 1 TL Salz · 60 g weiche Butter · Sesamsaat zum Bestreuen

▶ Laktose meiden
260 ml MinusL-Milch · 60 g MinusL-Butter

▶ Mehl selbst mischen
150 g Reismehl · 75 g Kartoffelmehl · 45 g Kochbananenmehl · 7 g Inulin · 1 g Xanthan · statt 260 ml nur 150 ml Milch · statt 60 g jetzt 30 g Butter · statt 1 Würfel jetzt 15 g Frischhefe verwenden zusätzlich 45 g Joghurt

▶ Laktose meiden
150 ml MinusL-Milch · 30 g MinusL-Butter · 45 g MinusL-Joghurt

Laugenbrötchen/-brezeln
für 16 Brötchen oder Brezeln

500 g Mehlmix B (von Dr. Schär) · 2 TL Salz · 350 ml Wasser, lauwarm · 1 Würfel Hefe · 500 ml Wasser · 2 TL Salz · 50 g Natron

▶ **Mehl selbst mischen für ca. 22 Brezeln:**
600 g Maisstärke · 300 g Reismehl · 20 g Apfelfasern · 3 g Bindino · 2 EL Flohsamenschalen · 1 Päckchen Trockenhefe · 2 TL Salz · 250 g Quark · 150 g Joghurt oder saure Sahne · 320 ml heißes Wasser

▶ **Laktose meiden**
250 g MinusL-Quark · 150 g MinusL-Joghurt

✳ ⏱ 30 Min. + 1 Std. ruhen + 15–20 Min. backen

▬ Das Mehl und das Salz in einer großen Schüssel gut mischen. Die Hefe in dem lauwarmen Wasser auflösen und in die Schüssel geben. Mit dem Handrührgerät gut verkneten. Bei Bedarf noch etwas Wasser dazugeben. An einem warmen Ort 1 Std. gehen lassen.

▬ Den Backofen auf 200 Grad vorheizen. Ein großes Backblech mit Backpapier auslegen.

▬ Den Teig in 16 gleich große Stücke teilen. Diese zu Rollen formen und aus dieser eine Brezel oder ein Brötchen formen.

▬ Für die Lauge Wasser, Salz und Natron in einem Topf aufkochen. Die Brezel/das Brötchen auf einem Sieblöffel einzeln in die Lauge tauchen. Einmal wenden. Nach dem Herausnehmen auf das Backblech legen. Sofort in den Backofen schieben und 15–20 Min. bei 200 Grad backen.

Veränderte Zubereitung

▬ Die trockenen Zutaten miteinander vermengen. Quark, Joghurt und das heiße Wasser miteinander verquirlen, sodass eine lauwarme Flüssigkeit entsteht.

▬ Die Flüssigkeit zum Mehlgemisch geben und gründlich verkneten. Dann den Teig mindestens 30 Min. ruhen lassen.

▬ Dann weiter vorgehen wie oben beschrieben. Allerdings sollte für die Teigmenge die doppelte Menge an Lauge aufgekocht werden.

Maisfladen
für 20 kleine Fladen

250 g feines Maismehl ·
1 TL Salz · 3 EL Olivenöl ·
250 g Wasser, lauwarm

🕑 20 Min. + 20 Min. backen

- Alle Zutaten in einer Schüssel zu einem festen Teig verkneten. Eine Teigkugel formen und 5 Min. stehen lassen.
Auf einer bemehlten Fläche eine etwa 25 cm lange Teig-
rolle formen. Davon möglichst gleich große Stücke abschneiden und zu 1 cm dicken kleinen Küchlein formen.
- Etwas Olivenöl in eine Pfanne geben und erhitzen. Dann
die Brötchen von jeder Seite bei mittlerer Hitze 5 Min.
braten. Inzwischen den Backofen auf 150 Grad vorheizen.
- Die Maisfladen auf ein mit Backpapier ausgelegtes Backblech legen und im Backofen 20–30 Min. goldbraun backen. In dieser Zeit 2–3 Mal wenden.

Sauerteigbrötchen
für 10 Brötchen

300 g Mehlmix B (von
Dr. Schär) · 200 g Sauer-
teig (siehe Rezept Sauer-
teigbrot) · 1 TL Salz · 10 g
Hefe · 300 ml lauwarmes
Wasser

❋ 🕑 10 Min. + etwa 1¼ Std. ruhen + 25 Min. backen

- Das Mehl mit dem Sauerteig in eine Schüssel geben. Salzen. Die Hefe in dem lauwarmen Wasser auflösen und
dazugeben. Alles zu einem glatten Teig vermischen. Zugedeckt an einem warmen Ort 1 Std. gehen lassen.
- Zu kleinen Brötchen formen und 15 Min. gehen lassen.
- Im vorgeheizten Backofen bei 230° rund 25 Min. backen.

Quarkbrötchen
für 10 Brötchen

 15 Min. + etwa 1¼ Std. ruhen + 25 Min. backen

- Das Mehl mit Salz und Quark mischen. Die frische Hefe in dem lauwarmen Wasser lösen und zum Mehlgemisch geben. Alles zu einem glatten Teig verkneten.
- Mit einem feuchten Tuch zudecken und an einem warmen Ort 1 Std. gehen lassen. Dann zu kleinen Brötchen formen. Diese wiederum mit einem feuchten Tuch bedecken und mindestens 15 Min. gehen lassen.
- Im vorgeheizten Backofen bei 200 Grad 25 Min. backen.

450 g Mehlmix B (von Dr. Schär) · 2 TL Salz · 60 g Quark · 375 ml Wasser, lauwarm · 20 g Hefe

▶ Mehl selbst mischen
270 g Maisstärke · 150 g Reismehl · 60 g Kartoffelflocken · 9 g Flohsamenschalen

▶ Laktose meiden
60 g MinusL-Quark

Vollkornreisbrötchen
für 10 Baguettebrötchen

❋ ⊙ 30 Min. + 1¼ Std. ruhen + 25 Min. backen

- Alle trockenen Zutaten mischen. Die Hefewürfel in dem warmen Wasser auflösen und dann zu dem Mehlgemisch geben. Alles gut verkneten. Eventuell noch etwas Wasser hinzufügen.
- An einem warmen Ort 1 Std. gehen lassen. Dann Baguettebrötchen formen und diese wiederum gehen lassen.
- In der Zwischenzeit den Backofen auf 230 Grad vorheizen. Die Brötchen 25 Min. bei 230 Grad backen.

600 g Maisstärke · 300 g Vollkornreismehl · 30 g Apfelfaser · 20 g Sojamehl · 3 TL Salz · 5 EL Flohsamen · 2 Würfel Hefe · 830 ml warmes Wasser

BRÖTCHEN

Schokobrötchen
für 15 Brötchen

500 g Mehlmix B (von Dr. Schär) · 1 TL Salz · 80 g Butter · 120 g Joghurt oder Quark · 300 ml Milch · 30 g Zucker · 1 Würfel Hefe · 150 g Schokotröpfchen · 2 Eigelb

▶ Laktose meiden

300 ml MinusL-Milch · 80 g MinusL-Butter · 120 g MinusL-Joghurt oder MinusL-Quark · 150 g Rosinen, in Wasser eingeweicht (anstelle der Schokotröpfchen)

✳ ✧ 20 Min. + 1 Std. ruhen + 15 Min. backen

- Das Mehl und das Salz in einer großen Schüssel mischen. Die weiche Butter und den Joghurt oder Quark dazugeben. Die Milch mit dem Zucker kurz erwärmen und die Hefe darin auflösen. Alles zu einem Teig vermengen. Mit einem feuchten Tuch zudecken und an einem warmen Ort aufgehen lassen.
- Dann noch mal kräftig durchkneten und die Schokoladentröpfchen dazugeben. Den Teig in 15 gleich große Stücke teilen, zu Brötchen formen und auf ein mit Backpapier belegtes Backblech legen. Nochmals gehen lassen.
- Den Backofen auf 190 Grad vorheizen. Die Brötchen mit Eigelb bestreichen. Danach im vorgeheizten Ofen etwa 15 Min. bei 190 Grad backen.

Veränderte Zubereitung

- Die trockenen Zutaten mischen. Dann den Joghurt dazugeben. Hefe in der lauwarmen Milch auflösen. Die weiche Butter zusammen mit der Hefemilch in das Mehlgemisch geben und alles zu einem glatten Teig verrühren. Mit einem feuchten Tuch zudecken und an einem warmen Ort aufgehen lassen.
- Dann noch mal kräftig durchkneten und die Schokoladentröpfchen dazugeben. Den Teig in 15 gleich große Stücke teilen, zu Brötchen formen und auf ein mit Backpapier belegtes Backblech legen. Nochmals gehen lassen.
- Den Backofen auf 190 Grad vorheizen. Die Brötchen mit Eigelb bestreichen. Danach im vorgeheizten Ofen etwa 15 Min. bei 190 Grad backen.

▶ Mehl selbst mischen für 12–15 Brötchen:
300 g Reismehl · 150 g Kartoffelmehl · 90 g Kochbananenmehl · 15 g Inulin · 6 Msp. Xanthan · 30 g Zucker · 90 g Joghurt · 300 ml lauwarme Milch · 30 g Hefe · 60 g weiche Butter · 2 Eigelb · 150 g Schokoladentröpfchen

▶ Laktose meiden
300 ml MinusL-Milch · 60 g MinusL-Butter · 90 g MinusL-Joghurt · 150 g Rosinen, in Wasser eingeweicht (anstelle der Schokotröpfchen)

BRÖTCHEN

Sesambrötchen

für 12 Brötchen

450 g Mehlmix B (von
Dr. Schär) · 3 TL Salz ·
1 Würfel Frischhefe ·
300 ml Wasser, lauwarm ·
100 g Sesam, gequollen ·
10 g Flohsamenschalen ·
30 g Karottenschnitze ·
Sesam zum Bestreuen

▶ **Mehl selbst mischen**
250 g Kartoffelmehl ·
150 g Maismehl · 50 g
Maisstärke · 3 EL Braun-
hirse, gemahlen · 10 g
Flohsamenschalen

✳ ⊙ 20 Min. + 1¼ Std. ruhen + 25–30 Min. backen

- Das Mehl mit Salz in eine Schüssel geben. Die Hefe in dem lauwarmen Wasser auflösen. Den Sesam in heißes Wasser legen, mindestens 10 Min. ziehen lassen, dann in ein Sieb schütten und abtropfen lassen. Eine Karotte in kleine Schnitze raspeln.

- Alle Zutaten zusammengeben und gut verkneten. Den Teig 1 Std. gehen lassen.

- Danach den Brötchenteig in 12 gleich große Teile tren- nen, Brötchen formen. Diese dann in reichlich Sesam wälzen, aufs Backblech legen und einritzen.

- Den Backofen auf 250 Grad vorheizen. In der Zwischen- zeit den Teig erneut gehen lassen.

- Die Brötchen erst 5 Min. bei 250 Grad backen, dann 20–25 Min. bei 200 Grad.

Walnussbrötchen

für 22 Brötchen

❄ ⏱ 25 Min. + 1 Std. ruhen + 25 Min. backen

- Das Mehl und das Salz in eine Schüssel geben und mischen. Die Hefe in dem lauwarmen Wasser auflösen und zum Mehlgemisch hinzugeben. Die Flohsamenschalen in heißem Wasser (30 ml) quellen lassen und zum Teig dazugeben. Alles gut vermengen. Nun den Apfel in kleine Schnitzel raspeln, dann die Walnüsse zerkleinern und beides zum Teig hinzufügen. Den Teig an einem warmen Ort mindestens ½ Std. gehen lassen.
- Den Backofen auf 250 Grad vorheizen. Den Teig in gleichgroße Teigbällchen teilen, Brötchen formen und diese auf ein Backblech legen. Weitere 30 Min. gehen lassen.
- Die ersten 10 Min. bei 250 Grad backen, danach herunterschalten auf 200 Grad und weitere 15 Min. backen. So bekommen die Brötchen eine schöne Kruste.

650 g Brotmix dunkel (von Dr. Schär) · 3 TL Salz · 1 Würfel Hefe · 650 ml Wasser, lauwarm · 10 g Flohsamenschalen · 30 ml heißes Wasser · 1 Apfel · 100 g Walnüsse, frisch geknackt

▶ Mehl selbst mischen

250 g Maismehl · 200 g Reismehl · 150 g Kartoffelmehl · 50 g Buchweizenmehl · 3 EL Braunhirse · 3 TL Salz · statt 650 ml Wasser nur 450 ml benutzen

KUCHENKLASSIKER

Marmorkuchen – wie bei Oma
für 1 Napfkuchenform (∅ 22 cm) – ergibt 20 Stück

🕐 **30 Min. + 45 Min. backen**

250 g Butter, weich · 160 g Zucker · 1 Päckchen Vanillezucker · 1 Prise Salz · 2 EL Rum · 5 Eier (Größe L) · 320 g glutenfreie Mehlmischung, hell (z. B. von Schär Mehlmix C) · 12 g Backpulver · 3 EL Kakao · 5 EL Milch

▶ **Laktose meiden**

250 g MinusL-Butter · 5 EL MinusL-Milch, Sojamilch oder Reismilch

▶ **Mehl selbst mischen**

100 g Reismehl · 120 g Maisstärke · 100 g Maismehl · 3 g Bindino

- Die weiche Butter mit dem Zucker und Vanillezucker cremig rühren. Eine Prise Salz und den Rum hinzugeben. Die Eier einzeln unterrühren. Dann das Mehl mit dem Backpulver mischen und vorsichtig unter die Ei-Zucker-Butter-Masse ziehen.
- Zwei Drittel des Teiges in eine Napfkuchenform geben.
- Den restlichen Teig mit dem Kakao und der Milch verrühren. Den dunklen Teig auf den hellen geben und dann mit einer Gabel beide spiralförmig durchziehen.
- Im vorgeheizten Backofen 55 Min. bei 190 Grad backen.

Tipp

Die Napfkuchenform vor der Teigbefüllung einfetten und mit Sesamsan ausstreuen. Das verleiht dem Marmorkuchen einen knusprigeren Rand.

Bienenstich – eine süße Versuchung

für eine Springform (⌀ 26 cm) – ergibt 12 Stücke

175 g Zucker · 4 Eier (Größe L) · 1 TL Backpulver · 2 g Bindino · 175 g Mehlmix C (von Dr. Schär) · 100 g gehobelte Mandeln · 500 ml Milch · 1 Päckchen Vanillepuddingpulver · 50 g Zucker · 250 ml Sahne

▶ Laktose meiden

500 ml MinusL-Milch · 1 Päckchen laktosefreies Vanillepuddingpulver (z. B. von RUF) · 250 ml MinusL-Sahne

▶ Mehl selbst mischen

100 g Maisstärke · 75 g Maismehl · 2 g Bindino

⏱ 30 Min. + 25 Min. backen + 25 Min. auskühlen

- Den Zucker in eine Rührschüssel geben. Die Eier einzeln hinzufügen und alles schaumig rühren. Das Backpulver, Bindino und Mehl dazugeben. Nun alle Teigzutaten auf höchster Stufe schlagen, dann in die Springform geben. Zuletzt die gehobelten Mandel drüberstreuen und den Teig im vorgeheizten Backofen bei 175 Grad 25 Min. backen. Anschließend auskühlen lassen.
- In der Zwischenzeit von der Milch ca. 5 EL abnehmen und mit dem Puddingpulver und dem Zucker anrühren.
- Die übrige Milch zum Kochen bringen, das angerührte Puddingpulver hinzugeben und unter stetigem Rühren nochmals 2 Min. aufkochen lassen.
- Den Pudding während des Abkühlens mehrmals umrühren, 1 Becher Sahne steif schlagen und unter den erkalteten Pudding rühren.
- Dann Biskuitboden einmal waagrecht durchschneiden und die Vanillecreme auf den Boden streichen. Die andere Hälfte drauflegen.

Donauwelle

für eine Springform (Ø 26 cm) – ergibt 12 Stücke

🕐 30 Min. + 5 Min. backen + 2 Std. auskühlen +
2 Std. kalt stellen

- Zuerst den Zucker mit Vanillezucker und Butter schaumig schlagen. Nach und nach die Eier auf höchster Stufe unterrühren. Das Backpulver mit dem Mehl mischen und langsam unter die Ei-Butter-Masse geben.
- Dann zwei Drittel des Teiges in eine Springform geben und glatt streichen. Das verbleibende Teigdrittel mit 20 g Kakao und 5 EL Milch verrühren. Vorsichtig über den hellen Teig streichen.
- Die Sauerkirschen abtropfen lassen, mit einem Küchenflies trocknen (die Sauerkirschen sollten sehr trocken sein, sonst bleibt der Kuchen in der Mitte roh) und dann über dem Teig verteilen.
- Im vorgeheizten Backofen 45 Min. bei 175 Grad backen.
- Den Kuchen in seiner Springform rund 2 Std. auskühlen lassen.
- Anschließend den Vanillepudding mit 40 g Zucker und 500 ml Milch kochen, etwas abkühlen lassen und auf den Kuchen geben; 1 Std. kalt stellen.
- Die Kuvertüre schmelzen, über den Pudding verteilen und die Donauwelle nun erneut in den Kühlschrank stellen.

150 g Zucker · 1 ½ Päckchen Vanillezucker · 165 g Butter, weich · 4 Eier · 1 TL Backpulver · 250 g Mehlmix C (von Dr. Schär) · 5 EL Milch · 20 g Kakao · 380 g Sauerkirschen · 1 Päckchen Puddingpulver · 40 g Zucker · 500 ml Milch · 200 g Kuvertüre, Zartbitter

▶ Laktose meiden
165 g MinusL-Butter · 5 EL MinusL-Milch · 1 Päckchen laktosefreier Vanillepudding (z. B. von RUF) · 500 ml MinusL-Milch

▶ Mehl selbst mischen
150 g Maisstärke · 100 g Reismehl · 5 g Bindino

Quarkkäsekuchen – nach Tante Ellis Rezeptur

für eine Springform (⌀ 26 cm) – ergibt 12 Stücke

150 g Mehlmix C (von Dr. Schär) · 2 TL Backpulver · 1 Ei · 65 g Zucker · 60 g Butter, weich · 1 Prise Salz · 1 kg Magerquark · 2 Eier, getrennt · 200 g Zucker · 1 Päckchen Vanillezucker · 60 g Maisgries · 1 Zitrone, ausgepresst

▶ Laktose meiden

60 g MinusL-Butter · 1 kg MinusL-Quark

▶ Mehl selbst mischen

75 g Maisstärke · 75 g Maismehl · 3 g Bindino

🕑 25 Min. + 55–60 Min. backen

- Mehl mit Backpulver in eine Rührschüssel geben und mischen. Das Ei, Zucker, Butter und Salz dazufügen und alles zu einem Mürbeteig verkneten. Dann in einer Springform ausrollen. Wenn der Teig zu sehr klebt, ein wenig Mehl zum Ausrollen benutzen.
- Den Magerquark mit 2 Eigelb, Zucker, Maisgries und Zitronensaft vermischen. Das Eiweiß steif schlagen und unter die Quarkmasse heben. Dann über den Teig in der Springform füllen.
- Den Kuchen mindestens 55 Min. bei 180 Grad backen.

Tipp

150 g (in Rum eingelegte) Rosinen können den Quarkkäsekuchen komplettieren.

Schwarzwälder Kirschtorte

für eine Springform (∅ 26 cm) – ergibt 16 Stücke

140 g Zartbitterkuvertüre · 75 g Butter ·
6 Eier · 180 g Zucker ·
100 g Mehlmix C (von
Dr. Schär) · 50 g Speisestärke · 2 TL Backpulver · 800 g Kirschen ·
500 ml Kirschsaft · 4 EL
Speisestärke · 2 EL
Zucker · 90 ml Kirschwasser · 800 ml Sahne · 3
Päckchen Vanillezucker ·
100 g Raspelschokolade,
zartbitter · 17 kandierte
Kirschen

🕐 1 Std. + 40 Min. backen + 12 Std. ruhen

- Die Kuvertüre mit der Butter im Wasserbad schmelzen. Dann etwas abkühlen lassen.
- Die Eier trennen, das Eiweiß zu steifem Schnee schlagen. Die Eigelbe mit dem Zucker schaumig rühren. Die geschmolzene Kuvertüre dazugeben und verrühren. Den Eischnee draufgeben, Mehl mit Stärke und Backpulver drüberstreuen und locker unterziehen. Das Ganze gut vermengen, dann in eine Springform füllen und im vorgeheizten Ofen bei 175 Grad 40–45 Min. backen.
- Danach den Biskuit auf einem Kuchengitter auskühlen lassen. Nach dem Erkalten den Biskuitteig zweimal waagerecht durchteilen.
- Die Sauerkirschen durch ein Sieb gießen und vom Saft trennen, Speisestärke mit Zucker vermischen und mit etwas Saft glatt rühren. Den restlichen Saft zum Kochen bringen, die angerührte Speisestärke hineingeben und aufkochen lassen. Dann die Kirschen hineingeben und etwas abkühlen lassen. Danach mit 50 ml Kirschwasser versetzen.
- Zwei der Böden mit Kirschwasser (30 ml) tränken und jeweils die Hälfte der Kirschmasse darauf verteilen, auskühlen und gelieren lassen.
- Die Sahne mit Vanillezucker steif schlagen.
- Einen mit Kirschmasse bedeckten Boden auf eine Tortenplatte legen und mit einem Viertel der steifen Sahne bedecken.

- Den zweiten Tortenboden mit Kirschmasse obenauf legen und mit dem zweiten Viertel der Schlagsahne bedecken.
- Den letzten Biskuitboden ebenfalls mit Kirschwasser aromatisieren und obenauf legen.
- Die Torte rundherum mit Sahne bestreichen, einen Rest für die Dekoration in eine Spritztüte füllen. Den Rand und die Oberfläche mit Raspelschokolade verzieren, Oberfläche außen mit 16 Sahnerosetten und in der Mitte mit einer Rosette dekorieren und je eine kandierte Kirsche auflegen.

▶ Laktose meiden
75 g MinusL-Butter ·
800 ml MinusL-Sahne

▶ Mehl selbst mischen
70 g Maismehl · 30 g
Kochbananenmehl ·
3 g Bindino

Tipp

Für das Anbringen der Schokostreusel am Rand einen Schaber benutzen. Mit ihm lassen sich die Streusel leichter an den Rand drücken.

Schokoladenkuchen

für 1 Gugelhupfform (⌀ 22 cm) – ergibt 20 Stück

200 g Schokolade, zartbitter · 200 g Butter · 160 g Zucker · 200 g gemahlene Mandeln · ½ Päckchen Backpulver · 4 Eier

▶ Laktose meiden
200 g MinusL-Butter

🕑 15 Min. + 70 Min. backen

- Zuerst die Schokolade mit der Butter im Wasserbad schmelzen.
- Dann Zucker, Mandeln und Backpulver miteinander mischen. Die 4 Eier dazugeben. Mit dem Handrührgerät vorsichtig verrühren. Dabei langsam die geschmolzene Schokoladenbutter hinzugeben.
- Den Teig in die Gugelhupfform füllen und im vorgeheizten Backofen 70 Min. bei 155 Grad backen.
- Der Kuchen ist nach 2 Tagen richtig durchgezogen. Er schmeckt aber auch schon vorher sehr gut.

Auch sehr lecker – aber nicht ganz so kalorienhaltig – ist ein Schokoladen-Rührkuchen mit glutenfreiem Mehl, Kakao und Schokoglasur.

Streuselkuchen

für 1 Backblech – ergibt 16 Stücke

für den Hefeteig:

½ Würfel Frischhefe · 300 ml
Wasser, lauwarm · 500 g Mehlmix
B (von Dr. Schär) · 75 g Zucker ·
1 Prise Salz · 1 Päckchen Vanillezucker · 50 g Butter, geschmolzen

für die Creme:

860 g Magerquark · 150 g
Joghurt · 110 g Zucker · Puddingpulver Vanille

für die Streusel:

320 g Mehlmix C (von Dr. Schär) ·
2 g Bindino · 1 Päckchen Vanillezucker · 150 g Zucker · 2 Msp.
Zimt · 170 g Butter, weich

▶ Laktose meiden
für den Teig:

50 g MinusL-Butter

für die Creme:

860 g MinusL-Magerquark ·
150 g MinusL-Joghurt ·
2 Puddingpulver, laktosefrei

für die Streusel:

170 g MinusL-Butter

🕒 30 Min. + 20 Min. backen + 1 Std. ruhen

- Die Hefe in dem lauwarmen Wasser auflösen. Mehl, Zucker, Salz und Vanillezucker in eine Schüssel geben. Das Hefewasser und die geschmolzene Butter hinzugeben und alles zu einem glatten Teig verkneten. Den Teig an einem warmen Ort auf die doppelte Größe gehen lassen und ihn dann nochmals gut durchkneten.
- Erneut gut durchkneten. Dann den Hefeteig auf ein mit Backpapier ausgelegtes Backblech ausrollen.

- Für die Creme alle Zutaten gut vermengen und über dem ausgerollten Teig verstreichen.
- Für die Streusel das Mehl mit Bindino, Zucker und Zimt mischen. Die weiche Butter in Flöckchen dazugeben. Alles mit den Händen oder mit 2 Gabeln zu Streuseln vermengen und gleichmäßig auf dem Backblech verteilen.
- Den Kuchen nochmals 15 Min. an einem warmen Ort gehen lassen. Dann im vorgeheizten Backofen bei 200 Grad 20 Min. backen lassen. Am besten noch am selben Tag verzehren.

▶ Mehl selbst mischen
für den Hefeteig:
300 g Reismehl · 150 g Kartoffelmehl · 90 g Kochbananenmehl · 5 g Xanthan · 15 g Inulin · 75 g Zucker · 1 Prise Salz · ½ Würfel Frischhefe · 300 ml Milch, lauwarm · 60 g weiche Butter · 130 g Quark

für die Streusel:
170 g Maisstärke · 150 g Maismehl · 5 g Bindino

▶ Laktose meiden
für den Teig:
300 l MinusL-Milch · 60 g MinusL-Butter · 130 g MinusL-Quark

für die Creme:
860 g MinusL-Quark · 150 g MinusL-Joghurt · 2 Puddingpulver, laktosefrei

für die Streusel:
170 g MinusL-Butter

Russischer Zupfkuchen

für eine Springform (∅ 26 cm) – ergibt 12 Stücke

⏱ 30 Min. + 1 Std. backen + 2 Std. auskühlen +
12 Std. kalt stellen

für den Teig:
200 g Butter · 200 g
Zucker · 50 g Kakaopul-
ver · 300 g Mehlmix C (von
Dr. Schär) · 5 EL Floh-
samenschalen · 2 Eier ·
1 Päckchen Backpulver

für die Quarkfüllung:
250 g Butter · 150 g
Zucker · 3 Eier · 500 g

Magerquark · 1 Päckchen
Vanillepuddingpulver (z. B.
von RUF) · 2 TL Rum

▶ Laktose meiden
450 g MinusL-Butter ·
500 g MinusL-Quark

▶ Mehl selbst mischen
150 g Maisstärke · 150 g
Maismehl · 5 g Bindino

- Aus den Zutaten für den Teig einen Mürbeteig kneten.
  Den Teig teilen und mit einer Hälfte den Boden der
  Springform auslegen. Die andere Hälfte aufheben.
- Die Butter zerlassen und mit dem Zucker schaumig schla-
  gen. Eier nach und nach unterrühren. Dann Quark, Va-
  nillepuddingpulver vermengen und unter die Eiercreme
  heben, bis eine einheitliche Masse entsteht. Zuletzt dem
  Rum hinzufügen. Die Masse auf dem Teig in der Spring-
  form verteilen.
- Die restliche Teighälfte in Stücke zupfen und auf die
  Quarkmasse geben.
- Den Kuchen 1 Std. bei 175 Grad im vorgeheizten Ofen
  backen. Danach mindestens 2 Std. auskühlen lassen und
  über Nacht kalt stellen.

MODETORTEN

Glückstorte

für eine Springform (Ø 26 cm) – ergibt 12 Stücke

**für einen Biskuit-
teig jeweils:**

3 Eier (Größe L), ge-
trennt · 50 g Zucker ·
1 Päckchen Vanillezu-
cker · 100 g Mehlmix
C (von Dr. Schär) · 1 TL
Backpulver

für Creme und Belag:

350 g Brombeergelee ·
265 g Frischkäse (z. B.
Philadelphia) · 30 g
Zucker · 4 Blatt Gelatine ·
400 ml Schlagsahne,
kalt · Vollmilchschoko-
tiere (Glückssortiment)

▶ **Laktose meiden**

265 g MinusL-Frischkäse ·
400 ml MinusL-Schlag-
sahne · Zartbittertiere
(Glückssortiment)

▶ **Mehl selbst mischen**

50 g Speisestärke · 50 g
Maismehl · 2 g Bindino

🕐 **1 Std. + 10 Min. backen + 2,5 Std. kalt stellen**

- Die Eier trennen, das Eiweiß steif schlagen. Das Eigelb
  nun mit dem Zucker schaumig schlagen. Dann den
  Eischnee unterheben.
- Das Mehl mit dem Backpulver mischen und unter die
  Eimasse heben. Kein Handrührgerät verwenden!
- Den Teig in eine Springform füllen und im vorgeheizten
  Backofen bei 200 Grad 10 Min. backen.
- Einen zweiten Biskuitboden entsprechend zubereiten
  und backen. Auf einem Kuchenrost erkalten lassen.
- Die ausgekühlten Böden jeweils mit 50 g Brombeergelee
  bestreichen.
- Die Schlagsahne für 30 Min. in den Tiefkühler stellen und
  dann steif schlagen.
- Für die Creme den Frischkäse mit Zucker und dem restlichen Brombeergelee mischen und mit dem Handrührgerät verrühren.
- In der Zwischenzeit die Gelatine nach Packungsanleitung
  einweichen und auflösen. Dann in die Frischkäsemasse
  geben. Wenn die Masse zu gelieren beginnt, die geschlagene Sahne unterrühren.
- Die erste Teigplatte mit ⅔ der Creme bestreichen. Die
  zweite Teigplatte mit der Brombeergeleeseite nach unten
  drauflegen und leicht andrücken. Dann auf dem oberen
  Biskuitboden die restliche Creme verteilen und glatt
  streichen.
- Die Torte für mindestens 2 Std. in den Tiefkühler stellen.
  Vor dem Servieren mit Glücksmotiven dekorieren.

Rüblitorte

für eine Springform (⌀ 26 cm) – ergibt 12 Stücke

🕑 **30 Min. + 1 Std. backen**

- Die Möhren waschen, schälen und fein raspeln.
- Nun die Eier trennen. Das Eigelb mit dem Zucker schaumig schlagen. Die Zitrone abreiben und auspressen. Die Schale und den Saft in die Schaummasse geben.
- Die Mandeln mit Mehl und Backpulver vermengen und die Mischung samt Möhren unter die Eiercreme rühren. Das Eiweiß steif schlagen und vorsichtig unter die Teigmasse heben.
- Nun den Kuchen im vorgeheizten Backofen etwa 1 Std. bei 165 Grad backen.
- Für die Glasur den Puderzucker mit dem Wasser glatt rühren und die noch nicht ganz erkaltete Torte damit glasieren. In der Mitte mit den Pistazien bestreuen und die Marzipanrüblis außen herum dekorieren.

300 g Möhren, geraspelt · 5 Eier, getrennt · 200 g Zucker · 1 Zitrone, ungespritzt · 300 g Mandeln, gemahlen · 60 g Mehlmix C (von Dr. Schär) · 1 TL Backpulver · 1 Prise Salz · 150 g Puderzucker · 2 EL Wasser, heiß · 25 g Pistazien, gehackt · 16 Marzipan-Rübli

▶ **Mehl selbst mischen**
35 g Maisstärke · 25 g Reismehl · 2 g Bindino

Himbeertorte

für eine Springform ⌀ 18 cm – ergibt 6 Stücke

3 Eier · 70 g Butter · 80 g Zucker · 1 Päckchen Vanillezucker · 50 g Mehlmix C (von Dr. Schär) · 1 TL Backpulver · 250 g Mascarpone oder Frischkäse · 50 g Zucker · 1 Bio-Zitrone, abgerieben · Saft einer Zitrone · 3 Blatt Gelatine · 5 EL Wasser · 200 ml Sahne · 400 g frische Himbeeren · Puderzucker zum Bestäuben

▶ Laktose meiden

70 g MinusL-Butter · 250 g MinusL-Frischkäse · 200 ml MinusL-Sahne

▶ Mehl selbst mischen

25 g Maisstärke · 25 g Maismehl · 2 g Bindino

🕐 50 min + 30 min backen + mindestens 2 Std. kalt stellen

■ Die Eier trennen. Die Butter mit Zucker und Vanillezucker cremig rühren. Das Eigelb nach und nach unterrühren. Das Mehl mit Backpulver mischen und unter die Eimasse ziehen. Das Eiweiß steif schlagen und ebenfalls unterheben.

■ Den Teig in eine Springform füllen und im vorgeheizten Backofen bei 175 Grad 30 Minuten backen. Danach auskühlen lassen.

■ Den Mascarpone mit Zucker mischen. Die Bio-Zitrone abreiben, die Schale zu dem italienischen Frischkäse geben. Die Zitrone auspressen.

■ Die Gelatine in 5 EL Wasser und dem Zitronensaft bei mittlerer Hitze (nicht kochen!) auflösen. Dann gleichmäßig unter die Mascarponecreme ziehen. Zuletzt die Sahne steif schlagen. Wenn die Masse zu gelieren beginnt, die Sahne in die Creme geben. Alles auf den Tortenboden streichen und für mindestens zwei Stunden in den Kühlschrank stellen.

■ In der Zwischenzeit die Himbeeren waschen und trocknen. Dann die Himbeeren mit der Öffnung nach oben auf die Torte setzen und mit Puderzucker bestäuben.

Mandarinenfalter

für eine Springform (⌀ 26 cm)

🕑 1 Std. + 25–30 Min. backen + 2 Std. auskühlen
+ 2 Std. kalt stellen

- Eier trennen. Eiweiß steif schlagen und dabei 40 g Zucker langsam einrieseln lassen. Das Eigelb mit 70 g Zucker, Vanillezucker und 3 EL Wasser schaumig schlagen.
- Das Mehl mit Backpulver mischen und unter die Eigelbmasse heben. Dann das steif geschlagene Eiweiß vorsichtig einrühren. Die Masse in eine Springform füllen und bei 150 Grad 25–30 Min. backen.
- In der Zwischenzeit die Mandarinen abtropfen lassen, den Saft allerdings auffangen.
- Die Sahne ½ Std. in den Tiefkühler stellen.
- Den Biskuitteig erkalten lassen und dann halbieren. Auf einer großen Tortenplatte mit den Rundungen nach innen zu einem Schmetterling zusammensetzen.
- Nun den Quark mit dem Zucker und Zitronensaft verrühren. Die Sahne steif schlagen und das Sahne-Fest hinzufügen. Dann die Sahne unter den Quark heben und damit die beiden Schmetterlingshälften bestreichen.
- Die Mandarinen mit Küchenflies abtupfen und dann dicht an dicht auf den Flügeln drapieren.
- Tortenguss und 1 EL Zucker mit ¼ l Mandarinensaft glatt rühren. Unter ständigem Rühren aufkochen lassen. Den Tortenguss etwas erkalten lassen und dann auf den Mandarinen von der Mitte ausgehend verteilen.
- Den Falter für 2 Std. kalt stellen.
- Vor dem Servieren die Banane schälen, längs halbieren und eine Hälfte als Körper zwischen die Flügel legen. Mit den Holzspießen als Fühler verzieren.

für den Biskuitteig:
3 Eier · 110 g Zucker ·
1 Päckchen Vanillezucker · 3 EL Wasser,
lauwarm · 140 g Mehlmix
C (von Dr. Schär) · 9 g
Backpulver

für Creme und Belag:
250 g Magerquark · 80 g
Zucker · 3 EL Zitronensaft,
frisch gepresst · 400 ml
Sahne · 2 Päckchen Sahne-Fest (z. B. von Arche
Naturküche) · 3 Dosen
Mandarinen · 1 Päckchen
Tortenguss · ½ Banane ·
2 Holzspieße als Fühler

▶ Laktose meiden
250 g MinusL-Quark ·
400 ml kalte MinusL-Sahne

▶ Mehl selbst mischen
70 g Maisstärke · 70 g
Maismehl · 2 g Bindino

Maulwurfkuchen

für eine Springform (∅ 26 cm) – ergibt 12 Stücke

6 Eier · 140 g Butter, weich · 175 g Zucker · 1 Päckchen Vanillezucker · 100 g Mehlmix C (von Dr. Schär) · ½ Päckchen Backpulver · 1 Päckchen Schokoraspeln · 800 ml Schlagsahne · 2 Päckchen Vanillezucker · 3 Bananen, mittelgroß · 1 Zitrone, ausgepresst · 1 Päckchen Schokoraspeln · 2 TL Kakao

▶ Laktose meiden
140 g MinusL-Butter · 2 Päckchen Schokoraspeln, zartbitter · 800 ml kalte MinusL-Sahne

▶ Mehl selbst mischen
50 g Maisstärke · 50 g Maismehl · 3 g Bindino

🕑 45 Min. + 45 Min. backen + min. 2 Std. kalt stellen

■ Die Eier trennen. Die Butter mit Zucker und Vanillezucker cremig rühren. Das Eigelb nach und nach unterrühren. Das Mehl mit Backpulver und Schokoraspeln mischen und unter die Eimasse ziehen. Das Eiweiß steif schlagen und ebenfalls unterheben.

■ Den Teig in eine Springform füllen und im vorgeheizten Backofen bei 175 Grad mindestens 45 Min. backen. Danach auskühlen lassen.

■ Den Tortenboden mit einem Löffel aushöhlen. Das Kucheninnere aufheben und zerkrümeln. Die Bananen schälen und in Scheiben schneiden. Damit sie nicht braun werden, mit dem Zitronensaft beträufeln. Dann ⅔ der Scheiben auf den Tortenboden legen.

■ Die Sahne mit dem Vanillezucker steif schlagen. Die Bananen reichlich damit bedecken. Dann Schokoladenraspeln drüberstreuen und das letzte Drittel Bananenscheiben darauf legen. Die restliche Sahne zu einem Hügel anhäufen. Die Kuchenkrümel über die Sahne streuen, bis alles bedeckt ist.

■ Zum Schluss Kakao darüber sieben und mindestens 2 Std. kalt stellen. Wenn möglich, den Kuchen über Nacht in den Kühlschrank stellen. Am nächsten Tag schmeckt er noch besser.

Schachbrettkuchen – it's Teatime

für 1 Kuchen – ergibt ca. 12 Stücke

250 g Butter, weich ·
250 g Zucker · 4 Eier ·
2 EL Rum · 250 g Mehl-
mix C (von Dr. Schär) ·
1 EL Vanillezucker · 30 g
Kakao · 2 EL Milch ·
200 g Fruchtkonfitüre
(Aprikose oder Pfirsich) ·
300 g Marzipanroh-
masse · Puderzucker zum
Ausrollen

▶ Laktose meiden

250 g MinusL-Butter ·
2 EL MinusL-Milch

▶ Mehl selbst mischen

150 g Maisstärke · 100 g
Maismehl · 3 g Bindobin

🕑 1 Std. + 40 in. backen + 1–2 Std. auskühlen

■ Die weiche Butter und den Zucker cremig rühren. Die Eier einzeln hinzufügen. Rum und Mehl unter ständigem Rühren langsam hinzufügen.

■ Den Teig in 2 Hälften teilen. Eine Hälfte mit dem Vanille-zucker vermischen, die andere Hälfte mit dem Kakao und der Milch. Zwei kleine Kastenkuchenformen von 20 cm Länge (750 ml) mit Backpapier auslegen. Die bei-den Teige jeweils in eine Kastenform füllen und auf der mittleren Schiene 40 Min. bei 190 Grad im vorgeheizten Backofen backen.

■ Dann aus dem Backofen nehmen, in der Form etwas aus-kühlen lassen und auf ein Küchengitter stürzen. Nach dem Erkalten die Ränder der Kuchen gerade abschneiden. Dann beide jeweils einmal waagrecht teilen und der Län-ge nach in 3 gleich große Streifen schneiden.

■ Die Marzipanrohmasse zwischen 2 Klarsichtfolien legen und auf Kuchengröße ausrollen, sodass der fertig zusam-mengesetzte Schachbrettkuchen damit einmal komplett umhüllt werden kann.

■ Die Konfitüre erhitzen und zuerst die Marzipanmasse mittig bestreichen. Dann je einen braunen und einen weißen Streifen mit heißer Konfitüre – als Kleber – be-streichen und nebeneinander auf die Marzipanmasse le-gen. Die restlichen Streifen ebenfalls mit heißer Konfitüre bestreichen und versetzt darüber geben. Anschließend den gesamten Kuchen mit der Konfitüre bestreichen und mit der Marzipanplatte umhüllen.

Spaghettitorte Dolce Vita

für eine Obstbodenform (∅ 26 cm) – ergibt 12 Stücke

⏱ 60 Min. + 20 Min. backen + 30 Min. kalt stellen

- Das Mehl mit Zucker und Backpulver in einer Rührschüssel vermischen. Die übrigen Zutaten hinzufügen und alles mit einem Handrührgerät zu einem glatten Teig verarbeiten. Die Obstbodenform einfetten, den Teig hineingießen und glattstreichen. Die Form auf einem Rost in den vorgeheizten Backofen schieben und bei 170 Grad 20 Min. backen.
- Den Boden danach noch etwa 5 Min. in der Form stehen lassen, dann auf ein Kuchengitter stürzen und erkalten lassen.
- Nun die Erdbeeren waschen und vierteln. Die Gelatine nach Packungsanleitung einweichen.
- Mascarpone, Zitronensaft, Zucker und Vanillezucker in einer Schüssel verrühren.
- Die Hälfte der Erdbeeren pürieren und ungefähr 20 ml abfüllen. Die restlichen pürierten gemeinsam mit den geviertelten Erdbeeren in die Mascarponecreme geben. Gelatine auflösen und unter die Mascarponecreme rühren. Dann auf den Obstboden streichen.
- Die Sahne steif schlagen und als »Spaghetti« auf die Cremeoberfläche spritzen. Die Torte dann etwa 30 Min. in den Tiefkühler stellen.
- Vor dem Servieren die abgefüllte Erdbeersoße auf den »Spaghetti« verteilen. Kokosraspeln oder weiße Schokolade als »Parmesan« darüber streuen. Direkt nach Fertigstellung verköstigen!

für den Teig:
85 g Mehlmix C (von Dr. Schär) · 50 g Zucker · 1 Päckchen Vanillezucker · 1 ½ TL Backpulver · 50 g Butter, weich · 3 Eier · 20 ml Milch

für den Belag:
270 g Erdbeeren · 2 Blatt Gelatine, weiß · 250 g Mascarpone · 1 Zitrone, ausgepresst · 60 g Zucker · 1 Päckchen Vanillezucker · 200 ml Schlagsahne, kalt · Kokosraspeln oder weiße Schokoladenraspel zum Dekorieren

▶ **Laktose meiden**
50 g MinusL-Butter · 20 ml MinusL-Milch · 250 g MinusL-Frischkäse · 200 ml MinusL-Schlagsahne · Kokosraspeln zum Verzieren

▶ **Mehl selbst mischen**
50 g Maismehl · 30 g Maisstärke · 5 g Bananenmehl · 3 g Bindobin

OBSTKUCHEN

Versunkener Marillenkuchen
für eine Springform (⌀ 24 cm) – ergibt 12 Stücke

🕑 15 Min. + 35 Min. backen

200 g Butter · 150 g Zucker · 5 Eier · 1 ungespritzte Zitrone · 250 g Magerquark · 60 g Sauerrahm · 1 Päckchen Vanille-zucker · 250 g Mehlmix C (von Dr. Schär) · ½ Päckchen Back-pulver · 1 kg Aprikosen (Marillen)

▶ Laktose meiden
200 g MinusL-Butter · 250 g MinusL-Quark · 60 g MinusL-Schmand

▶ Mehl selbst mischen
160 g Maisstärke · 90 g Reismehl · 3 g Bindino

- Butter und Zucker cremig schlagen. Die Eier unter stän-digem Rühren dazugeben. Die Zitrone abreiben und die Schale in die Buttercreme mischen.
- Den Quark, Sauerrahm, Vanillezucker langsam in die cre-mige Masse einrühren. Zuletzt das Mehl mit dem Back-pulver mischen und dazugeben.
- Den Teig in eine Springform streichen, die Marillen halbieren und auf den Teig legen.
- Den Kuchen 35 Min. bei 175 Grad backen.

Tipp
Die Marillen können auch durch Pfirsiche ersetzt werden.

70

OBSTKUCHEN

OBSTKUCHEN

Apfelkuchen

für eine Springform (⌀ 26 cm) – ergibt 12 Stücke

125 g Butter, weich · 125 g Zucker · 250 g Mehlmix C (von Dr. Schär) · 1 Ei · 2 g Bindino · ½ Päckchen Backpulver · ¾ l Apfelsaft, naturtrüb · 2 Päckchen Vanillepudding (z. B. von RUF) · 150 g Zucker · 1,2 kg Äpfel, geschält

▶ Laktose meiden

125 g Margarine · 2 Päckchen laktosefreies Puddingpulver

▶ Mehl selbst mischen

150 g Maisstärke · 100 g Reismehl · 5 g Bindino

⏱ 30 Min. + 75 Min. backen

- Butter, Zucker, Mehl, Ei, Bindino und Backpulver vermischen und gut verkneten, bis eine feste Teigmasse entsteht. Dann für 15 Min. in den Kühlschrank legen und ruhen lassen.
- In der Zwischenzeit den naturtrüben Apfelsaft mit dem Zucker und dem Vanillepuddingpulver nach Packungsanleitung aufkochen.
- Den Mürbeteig aus dem Kühlschrank nehmen und in einer Springform ausrollen.
- Nun die Äpfel schälen und schneiden und auf den Mürbeteig legen. Danach die Puddingmasse darübergießen. Im vorgeheizten Backofen bei 175 Grad etwa 75 Min. backen.

Kartoffel-Birnen-Kuchen

für eine Springform (⌀ 24 cm) – ergibt 12 Stücke

⊙ 20 Min. + 40 Min. backen

- Die Eier trennen. Die Eigelbe mit 100 g weicher Butter, 2 EL Zucker und der Vanille zu einer cremigen Masse verrühren.
- Die Kartoffeln pellen, durch eine Presse drücken und mit Salz und Mehl unter die Eiermasse schlagen. Die Eiweiße mit 1 EL Zucker steif schlagen und vorsichtig unter den Teig heben.
- Die Springform ausfetten und den Teig einfüllen.
- Die Birnen schälen, vierteln, entkernen und in dicke Scheiben schneiden. Dann dicht nebeneinander auf den Teig setzen.
- Mit Mandeln bestreuen. Die restliche Butter in Flöckchen darauf setzen und 1 EL Zucker darüber streuen. Im vorgeheizten Backofen bei 200 Grad 40 Min. backen.

4 Eier · 150 g Butter, weich · 4 EL Zucker · ½ TL Vanille · 400 g gekochte Kartoffeln · 1 Prise Salz · 40 g Maismehl · 500 g Birnen · 50 g Mandelblättchen

▶ Laktose meiden
150 g MinusL-Butter

Bunter Obstkuchen

für eine Obstbodenform (∅ 26 cm) – ergibt 12 Stücke

4 Eier · 4 EL Wasser, lauwarm · 125 g Zucker · 175 g Mehlmix C (von Dr. Schär) · 1 TL Backpulver · 500 g Brombeeren (oder Beeren der Saison) · 3 Kiwis · 1 Banane · 1 Päckchen Tortenguss, klar

▶ Mehl selbst mischen
100 g Maisstärke · 75 g Reismehl · 1 TL Bindino

🕐 30 Min. + 30 Min. backen + 30 Min. auskühlen lassen

■ Die Eier trennen, die Eiweiße steif schlagen. Die Eigelbe mit Wasser und Zucker schaumig schlagen. Mehl und Backpulver vermischen und vorsichtig einrieseln lassen. Den Eischnee unterheben.

■ Den Teig in die Springform füllen und im vorgeheizten Backofen bei 175 Grad 30 Min. goldbraun backen. Anschließend den Obstboden auskühlen lassen.

■ Die Brombeeren waschen und mit einem Küchentuch abtupfen. Die Kiwis schälen und in Scheiben schneiden. Einen Ring aus Brombeeren ganz außen auf den Tortenboden legen. Einen zweiten Ring aus Kiwis davor drapieren. Einen weiteren Ring aus Brombeeren an die Kiwis reihen.

■ Dann die Banane schälen, in Scheiben schneiden und direkt auf den Tortenboden legen. Erneut einen Brombeerring anschließen. Die letzten Bananenscheiben drapieren.

■ Den Tortenguss nach Packungsanleitung zubereiten und über den Früchten verteilen.

OBSTKUCHEN

Buchweizenpreiselbeertorte
für 1 Springform (Ø 24 cm) – ergibt 12 Stücke

4 Eier · 100 g Zucker ·
30 g flüssige Butter ·
2 cl Himbeergeist ·
100 g Buchweizenmehl ·
50 g gemahlene Hasel-
nüsse · 1 TL Backpulver ·
300 g Preiselbeeren ·
1 unbehandelte Orange ·
70 g Zucker · 100 ml
Sahne · 1 EL gehackte
Pistazien · Puderzucker
zum Bestreuen

▶ Laktose meiden
30 g MinusL-Butter ·
100 ml MinusL-Sahne

🕑 1Std. + 35 Min. backen

- Die Eier trennen. Die Eigelbe mit Zucker und flüssiger
Butter dickschaumig schlagen. Den Himbeergeist dazugeben. Nach und nach das Buchweizenmehl, die gemahlenen Haselnüsse und das Backpulver untermischen. Die
Eiweiße steif schlagen und gleichmäßig unter den Teig
ziehen.
- Die Masse in die Springform füllen und im vorgeheizten
Backofen bei 180 Grad 35 Min. backen. Den Kuchen
aus der Form lösen und auf einem Kuchenrost erkalten
lassen.
- In der Zwischenzeit die Preiselbeeren verlesen, waschen
und abtropfen lassen. Die unbehandelte Orange gut abwaschen und die Schale abreiben. Die Orange halbieren
und den Saft auspressen. Sowohl die abgeriebene Schale
als auch den Saft mit den Preiselbeeren in einen kleinen
Topf geben und 15 Min. bei mittlerer Hitze dicklich ein-
kochen. Zucker dazugeben. Von der Kochstelle nehmen
und abkühlen lassen.
- Den Kuchenboden einmal waagrecht durchschneiden.
Den unteren Boden mit der Preiselbeermasse bestreichen, 2 EL davon zum Garnieren aufbewahren. Die obere
Platte oben auf legen. Dann den Kuchen dick mit Puderzucker bestäuben.
- Sahne steif schlagen, in einem Spritzbeutel mit Sterntül-
le füllen und 12 hübsche Sternhäufchen auf den äußeren
Kuchenrand setzen. In jeden Tupfer Preiselbeeren geben.
Dann mit Pistazien garnieren.

Himbeerrolle

ergibt 20 Scheiben

OBSTKUCHEN

🕐 30 Min. + 15 Min. backen + 1 Std. kalt stellen

3 Eier · 75 g Zucker · 1 Prise Salz · 70 g Mehlmix C (von Dr. Schär) · ½ TL Backpulver · 150 g Magerquark · 100 g Ricotta oder Mascarpone · 1–2 EL Puderzucker · 200 g Himbeeren

- Die Eier trennen. Die Eigelbe und den Zucker in einer Schüssel zu einer schaumigen, hellen Masse rühren. Das Eiweiß mit dem Salz steif schlagen. Das Mehl und das Backpulver mischen und mit dem Eischnee unter die Eigelb-Zucker-Masse heben. Die Masse gleichmäßig auf einem mit Backpapier ausgelegten Backblech ausstreichen und sofort im vorgeheizten Backofen bei 180 Grad etwa 15 Min. backen.
- Ein sauberes, feuchtes (nicht tropfnasses) Küchentuch über das Backblech spannen. Den Biskuit auf das Tuch stürzen, das Backpapier vorsichtig abziehen und dann den Biskuit mit dem Tuch einrollen. So lässt sich die Biskuitrolle später gut weiterverarbeiten und trocknet nicht aus. Auskühlen lassen.
- In der Zwischenzeit die Füllung zubereiten. Dazu Quark, Ricotta (oder Mascarpone) und Puderzucker gut verrühren, dann die Beeren unterheben.
- Die Biskuitrolle aufrollen, das Tuch entfernen und den Teig mit der Füllung bestreichen. Wieder einrollen und die Enden abschneiden.
- Nun 1 Std. kalt stellen. Vor dem Servieren mit ein wenig Puderzucker bestäuben.

▶ Laktose meiden

150 g MinusL-Quark · 100 g MinusL-Frischkäse

▶ Mehl selbst mischen

40 g Maisstärke · 30 g Maismehl · 3 g Bindino

Pina-Colada-Torte

für eine Springform (∅ 26 cm) – ergibt 12 Stücke

4 Eier · 4 EL Wasser, lauwarm · 125 g Zucker · 100 g Mehlmix C (von Dr. Schär) · 25 g Maisstärke · 50 g Kokosraspeln · 1 TL Backpulver · 200 ml Ananassaft · 6 Blatt Gelatine · 50 ml Kokosmilch oder Batida de Coco · 1 Dose Ananasstücke · 75 g Zucker · 400 ml Sahne, kalt · Kokosraspel zum Garnieren

▶ Laktose meiden

400 ml MinusL-Sahne

▶ Mehl selbst mischen

75 g Maisstärke · 50 g Maismehl · 1 TL Bindino

⏲ 1 Std. + 30 Min. backen + 3 Std. kalt stellen

- Die Eier trennen, die Eiweiße steif schlagen. Die Eigelbe mit Wasser und Zucker schaumig schlagen. Mehl, Speisestärke, Kokosraspeln und Backpulver vermischen und vorsichtig einrieseln lassen. Den Eischnee unterheben. Den Teig in eine Springform füllen und im vorgeheizten Backofen bei 175 Grad 30 Min. goldbraun backen.
- Den Biskuit auskühlen lassen, später waagrecht durchschneiden.
- Für den Belag einige Esslöffel Ananassaft abnehmen und die Gelatine darin einweichen. Die Ananasstücke in kleine Würfel schneiden. Die Kokosmilch/den Likör mit dem Zucker, dem restlichen Ananassaft und den Früchten verrühren.
- Die Sahne steif schlagen. Die Gelatine nach Packungsanleitung im Wasserbad auflösen und unter die Fruchtmasse ziehen. Sobald diese zu gelieren beginnt, die Sahne unterheben.
- Zwei Drittel der Creme auf den Tortenboden füllen, den zweiten Boden draufsetzen. Die restliche Creme darauf verstreichen.
- Die Torte für 3 Std. kalt stellen. Vor dem Servieren mit Kokosraspeln bestreuen.

Sonnige Nektarinentorte

für eine Springform (⌀ 26 cm) – ergibt 12 Tortenstücke

🕙 **1 Std. + 25 Min. backen + 2 Std. kalt stellen**

- Weiche Butter, Zucker und Vanillezucker geschmeidig rühren. Jedes Ei etwa 30 Sekunden auf höchster Stufe unterrühren. Mehl mit Backpulver mischen und ebenfalls dazugeben. Den Teig nun in die Springform füllen, glatt streichen und bei 180 Grad 25 Min. backen.
- Boden auf einen mit Backpapier belegten Kuchenrost stürzen und ohne Springformboden erkalten lassen.
- Nach dem Auskühlen den Boden vorsichtig vom Backpapier befreien und einmal waagrecht durchschneiden. Den unteren Teil des Bodens auf eine Platte legen und einen Tortenring darumlegen.
- Nektarinen waschen, halbieren und den Stein herauslösen. 3 Früchte in Spalten schneiden, die übrigen Früchte würfeln. Etwa die Hälfte der Nektarinen mit der runden Seite nach oben rundum auf den Boden an den Springformrand stellen und eine Handvoll der gewürfelten auf den Boden geben.
- Die Gelatine nach Packungsanleitung einweichen und auflösen. Joghurt mit abgeriebener Zitronenschale und Zucker mischen. Sahne steif schlagen. Erst wenige Esslöffel der Joghurtmasse mit der aufgelösten Gelatine verrühren, dann unter die übrige Joghurtmasse ziehen. Wenn die Masse zu gelieren beginnt, Sahne unterheben.
- ⅔ der Joghurtsahne auf den Tortenboden geben, glatt streichen. Den zweiten Boden auflegen, die restliche Joghurtsahne darauf glatt streichen. Die restlichen Nektarinenspalten in Form einer Sonne auf die Oberseite legen. Dann die Torte 2 Std. in den Kühlschrank stellen.

150 g Butter, weich · 125 g Zucker · 1 Päckchen Vanillezucker · 3 Eier (Größe L) · 125 g Mehlmix C (von Dr. Schär) · 3 TL Backpulver · 600 g Nektarinen · 6 Blatt Gelatine, weiß · 500 g Joghurt · 1 unbehandelte Zitrone · 50 g Zucker · 400 g kalte Schlagsahne

▶ **Laktose meiden**
150 g MinusL-Butter · 500 g MinusL-Joghurt · 400 g MinusL-Schlagsahne

▶ **Mehl selbst mischen**
80 g Maisstärke · 45 g Reismehl · 2 g Bindobin

79

Französische Madeleines

für etwa 20 Madeleines

🕑 **25 Min. + 25 Min. backen**

125 g Butter, weich · 120 g Zucker · 3 Eier · 125 g Mehlmix C (von Dr. Schär) · 1 Prise Salz · ½ TL Backpulver · 1 unbehandelte Zitrone

▶ **Laktose meiden**

125 g MinusL- Butter oder Pflanzenmargarine

▶ **Mehl selbst mischen**

75 g Maisstärke · 60 g Reismehl · 2 g Bindino

- Die typischen Madeleineförmchen mit Fett ausstreichen.
- Zucker und Butter cremig schlagen. Eier nach und nach hinzufügen und mit dem Handrührgerät auf höchster Stufe unterrühren. Mehl, Salz und Backpulver vermischen und unterheben.
- Zuletzt die Zitrone abreiben und auspressen. Schale und Saft in den Teig geben.
- Dann diesen in die Förmchen füllen und im vorgeheizten Backofen bei 175 Grad 25 Min. backen.

SÜSSES KLEINGEBÄCK

SÜSSES KLEINGEBÄCK

American Cookies
für 20–25 Cookies

300 g Mehlmix C (von Dr. Schär) · 1 TL Natron · 1 TL Salz · 125 g Butter · 150 g brauner Zucker · 1 Päckchen Vanillezucker · 1 Fläschchen Buttervanille · 2 Eier · 300 g Schokoladentröpfchen

▶ Laktose meiden
125 g MinusL-Butter · 300 g Zartbitterschokoladendrops (milchfrei)

▶ Mehl selbst mischen
150 g Maisstärke · 150 g Maismehl · 5 g Bindino

🕐 10 Min. + 9–11 Min. backen

- Das Mehl mit Natron und Salz vermischen. In einer mittelgroßen Schüssel Butter zerlassen und mit braunem Zucker, Vanillezucker und Vanillearoma mixen. Eier einzeln unterrühren. Das Mehlgemisch dazugeben. Zuletzt die Schokoladentröpfchen unterheben.
- Mit 2 Teelöffeln kleine Häufchen auf ein mit Backpapier ausgelegtes Backblech geben. Immer ausreichend Abstand lassen, da die Cookies noch etwas auseinanderlaufen. Zur Not noch ein Backblech belegen.
- Im Backofen bei 180 Grad 9–11 Min. goldbraun backen.

Tipp

Bei den American Cookies können die Schokoladendrops auch durch Rosinen ersetzt werden.

Aprikosentörtchen mit Vanillemarzipanguss

für 6 Tortelettförmchen (∅ 12 cm)

⏱ 40 Min. + 30 Min. backen + 20 Min. auskühlen

- Das Mehl mit dem Backpulver in eine Rührschüssel geben und mischen. Zucker, Vanillezucker, Butter und 1 Ei hinzufügen und alles zu einem Knetteig verarbeiten. Den Teig aus der Schüssel nehmen, in Klarsichtfolie einwickeln und zu einer Rolle formen.
- Diese dann in 6 gleich große Stücke teilen und jedes Teigstück in ein Tortelettförmchen hineingeben und am Rand hochdrücken.
- Nun die Aprikosen aus der Dose abfüllen und abtropfen lassen.
- Für den Guss das Marzipan sehr fein schneiden und in einen Rührbecher geben. Die Vanilleschote der Länge nach aufschneiden und mit einer Messerspitze das dunkle Mark herauskratzen. Das Ei und die Vanille nun zum Marzipan dazugeben und alles mit einem Mixer verrühren, bis eine nahezu glatte Masse entsteht. Nun die Milch und den Zucker hinzufügen. Das Bindino unterrühren und alles auf höchster Stufe vermengen.
- Die Aprikosenhälften in die Förmchen mit der Wölbung nach oben verteilen und den Marzipan-Vanille-Guss gleichmäßig darüber gießen. Die Törtchen mit Mandeln bestreuen.
- Anschließend die Förmchen auf ein Rost platzieren, in den vorgeheizten Backofen schieben und bei 180 Grad 30 Min. backen. Nach dem Backen die Törtchen in den Förmchen erkalten lassen.

200 g Mehlmix C (von Dr. Schär) · 1 Msp. Backpulver · 50 g Zucker · 1 Päckchen Vanillezucker · 125 g Butter, weich · 1 Ei · 1 Dose Aprikosen · 75 g Marzipanrohmasse · 2 Vanilleschoten · 1 Ei · 100 ml Milch · 50 g Zucker · 2 g Bindino · 100 g Mandeln, gehobelt

▶ Laktose meiden
125 g MinusL-Butter · 100 g MinusL-Milch

▶ Mehl selbst mischen
100 g Speisestärke · 100 g Maismehl · 2 g Bindino

Amerikaner

für etwa 30 Stück

3 Eier · 125 g Butter · 175 g Zucker · 1 Prise Salz · 250 ml Milch · 2 EL Rum · 100 g Speisestärke · 380 g Mehlmix C (von Dr. Schär) · 1 Päckchen Backpulver · 3 g Bindino · 250 g Puderzucker · 3–4 EL Wasser · 1 EL Zitronensaft

▶ Laktose meiden

125 g MinusL-Butter · 250 ml MinusL-Milch

▶ Mehl selbst mischen

160 g Maisstärke · 320 g Maismehl

🕐 35 Min. + 15 Min. backen

Die Eier trennen. Das Eiweiß steif schlagen.

- Aus Butter, Zucker, Eigelb und Salz eine cremige Masse herstellen. Milch und Rum dazugeben. Mehl und Speisestärke, Backpulver und Bindino vermischen und vorsichtig untermengen.
- Zuletzt den Eischnee unter die Teigmasse heben. Mit einem Löffel kleine Teighäufchen auf ein mit Backpapier ausgelegtes Backblech geben.
- Bei 200 Grad 15 Min. backen. Danach die Amerikaner auf einem Küchenrost auskühlen lassen.
- Den Puderzucker mit Wasser und Zitronensaft anrühren und die Amerikaner damit bestreichen.

Tipp

Die Amerikaner können Sie mit oder ohne Zuckerguss herstellen, ganz wie Sie mögen.

Kirsch-Kokos-Törtchen

für etwa 24 Muffinförmchen

300 g Sauerkirschen (TK) · 250 g Mehlmix C (von Dr. Schär) · 3 TL Backpulver · 100 g Zucker · 1 Päckchen Vanillezucker · 100 g Kokosraspeln · 2 Eier (Größe L) · 100 ml Milch · 75 ml Rapsöl · 150 g Schmand · 3 EL Kakao · 2 EL Milch

▶ **Laktose meiden**

100 ml MinusL-Milch · 150 g MinusL-Schmand · 2 EL MinusL-Milch

▶ **Mehl selbst mischen**

150 g Reismehl · 100 g Speisestärke · 2 g Bindino

🕐 20 Min. + 20 Min. backen + 30 Min. auskühlen

- Die tiefgekühlten Sauerkirschen in ein Sieb abfühlen und abtropfen lassen.
- Das Mehl mit Backpulver, Zucker, Vanillezucker und Kokosraspeln mischen. Die Eier trennen. Das Eiweiß steif schlagen. Milch, Öl, Eigelb und Schmand zu dem Mehlgemisch geben und alles zu einem glatten Teig verrühren. Zuletzt den Eischnee unterheben.
- Nun die eine Hälfte Teig in die Muffinförmchen füllen.
- Den restlichen Teig mit dem Kakao und den 2 EL Milch vermischen. Dann ebenfalls in Förmchen füllen.
- Jeweils 2–3 Sauerkirschen auf die hellen und dunklen Törtchen setzen und leicht eindrücken.
- Im vorgeheizten Backofen bei 180 Grad etwa 20 Min. backen.

Tipp

Statt frischer oder TK-Sauerkirschen können Sie auch welche aus dem Glas verwenden, dann aber bitte gut abtropfen lassen.

Russisch Brot

für 2 Backbleche – ergibt 30–40 Stücke

🕑 **30 Min. + 11 Min. backen**

- Das Eiweiß steif schlagen. Puderzucker und Zimt darübersieben und weiterschlagen. Den Sirup hinzufügen und noch weitere 2 Min. auf höchster Stufe weiterschlagen.
- Das Mehl mit dem Kakaopulver mischen und auf die Schaummasse sieben und vorsichtig unterziehen. Kein Handrührgerät verwenden.
- Den Teig in einen Spritzbeutel füllen, eine Ecke abschneiden und dann Buchstaben oder Zahlen auf 2 mit Backpapier ausgelegte Backbleche spritzen. Im vorgeheizten Backofen bei 200 Grad 7 Min. backen.
- In der Zwischenzeit Zucker und Wasser zusammen aufkochen und mit 2 EL Zitronensaft versehen.
- Das Blech nach der Backzeit aus dem Ofen nehmen und das Russisch Brot mit der zitronigen Zuckerlösung glasieren. Danach das Gebäck für weitere 3–4 Min. in den Ofen bei 200 Grad geben, damit die Glasur trocknet.
- Anschließend das Russisch Brot auf einem Kuchenrost erkalten lassen. Dabei wird es fest und knusprig.

2 Eiweiß · 40 g Puderzucker · 1 Msp. Zimt · 1 EL Agavensirup oder Zuckerrübensirup · 60 g Sibylle-Diät Mehlmischung dunkel · 4 TL Kakaopulver · 50 ml Wasser · 50 g Zucker · 2 EL Zitronensaft

▶ **Mehl selbst mischen**
40 g Maisstärke · 20 g Maismehl · 1 g Bindino

Brownies

für eine Backform 25 cm x 25 cm – ergibt 20 Stücke

200 g Kuvertüre, weiß ·
125 g Zartbitterschokola-
de (70 % Kakao) · 100 g
Butter · 200 g Schmand ·
3 Eier · 150 g Zucker,
braun · 1 Prise Salz ·
160 g Mehlmix C (von
Dr. Schär) · 2 g Bindino ·
5 g Flohsamenschalen ·
3 EL Kakao · ½ Päckchen
Backpulver · 80 g Hasel-
nüsse, gerieben · 75 g
Mini-Borke, Zartbitter

▶ Laktose meiden

200 g MinusL-Vollmilch-
schokolade · 100 g
MinusL-Butter · 200 g
MinusL-Schmand

▶ Mehl selbst mischen

100 g Maismehl · 60 g
Maisstärke · 3 g Bindino

⏱ 30 Min. + 30 Min. backen

- Die Kuvertüre grob hacken und mit der Zartbitterschoko-
lade und der Butter schmelzen. Den Schmand unterrüh-
ren. Dann vom Herd nehmen und etwas abkühlen lassen.
- Den Backofen auf 180 Grad Umluft vorheizen.
- Die Eier mit Zucker und Salz mindestens 2 Min. richtig
schaumig schlagen. Die abgekühlte Schokomasse nach
und nach dazugeben. Mehl, Bindino, Haselnüsse, Back-
pulver und Kakao vermischen und unter die Schoko-Ei-
Masse ziehen.
- In mit Backpapier ausgelegte Backform füllen. Die Mini-
Borke oben auf die Teigmasse streuen.
- Im vorgeheizten Backofen bei 180 Grad 30 Min. backen.
Danach abkühlen lassen und in Rechtecke schneiden.

TIPP

**Man kann die Brownies mit Puderzucker bestreuen, mit
Mini-Borke zubereiten, wie im Rezept, oder solo lassen
– sie schmecken auf jeden Fall super schokoladig.**

SÜSSES KLEINGEBÄCK

Windbeutel

Für ca. 15 große Windbeutel

Windbeutelteig:
¼ l Wasser · 50 g Butter · 150 g Mehlmix C (von Dr. Schär) · 30 g Speisestärke · 5 Eier · ⅓ Päckchen Backpulver

für die Füllung:
500 g Sauerkirschen, entsteint · 40 g Zucker · 20 g Speisestärke · 400 ml Sahne · 25 g Puderzucker · 1 Päckchen Vanillezucker · Puderzucker zum Bestäuben

 **50 Min. + 25 Min. backen**

- Das Wasser erhitzen. Die Butter im kochenden Wasser auflösen.
- Mehl, Speisestärke und Backpulver in einer kleinen Schüssel gut vermischen. Dann das Mehlgemisch auf einmal in das Butterwasser geben. So lange rühren, bis sich ein Teigkloß bildet. Dann diesen aus dem Topf in eine Schüssel umfüllen. Die Eier nach und nach unterrühren.
- Mit 2 Löffeln oder einem Spritzbeutel mandarinengroße Teighäufchen auf ein gefettetes, mit Mehl bestäubtes Backblech setzen.
- Bei 200–225 Grad im vorgeheizten Backofen etwa 25 Min. backen. Wichtig: Während der ersten 15 Min. den Ofen nicht öffnen, da das Gebäck sonst zusammenfällt.
- Nach dem Backen von jedem Windbeutel sofort einen Deckel abschneiden, damit er später befüllt werden kann.

- Für die Füllung entsteinte Sauerkirschen mit 40 g Zucker mischen, einige Zeit zum Saftziehen stehen lassen und dann kurz zum Kochen bringen. Wenn Saft und Kirschen kalt sind, ⅛ l Saft abmessen und mit 20 g Speisestärke erneut zum Kochen bringen. Die Kirschen unterrühren und kalt stellen.
- Die Sahne cremig schlagen, dann Puderzucker darübersieben und 1 Päckchen Vanillezucker dazugeben. Die Sahne steif schlagen.
- In jeden Windbeutel eine fingerdicke Schicht von den erkalteten Kirschen geben, darauf die Schlagsahne füllen und auf den Windbeutel den abgeschnittenen Deckel legen. Vor dem Servieren mit Puderzucker bestreuen.

▶ Mehl selbst mischen

70 g Kartoffelmehl · 40 g Maismehl · 40 g Reismehl · 1 g Bindino

▶ Laktose meiden

50 g MinusL-Butter
400 ml MinusL-Sahne

Waffeln

für 15 Waffeln

200 g Butter, weich ·
175 g Zucker · 1 Päck-
chen Vanillezucker ·
6 Eier (Größe L) · 350 g
Mehlmix C (von Dr.
Schär) · 1 Prise Salz ·
3 TL Backpulver · 250 ml
Milch · 1 Zitrone · Puderzucker zum Bestäuben

▶ Laktose meiden
200 g MinusL-Butter ·
250 ml MinusL-Milch

▶ Mehl selbst mischen
230 g Maismehl · 120 g
Maisstärke · 3 g Bindino

🕑 10 Min. + 2–3 Min./Waffel backen

- Die Butter mit Zucker und Vanillezucker schaumig rühren. Die Eier nach und nach unterrühren. Das Mehl mit
Salz und Backpulver vermischen, dann auf die Butter-
masse geben. Die Milch darüber gießen und alles nun
langsam verrühren, bis ein glatter Teig entsteht.
- Zum Schluss die Zitrone auspressen und in den Waf-
felteig geben.
- Dann die Waffeln ausbacken.
- Zuletzt mit ein wenig Puderzucker bestäuben und servieren.

Tipp

1–2 geraspelte Äpfel können dem Teig beigemischt
werden. Dann werden die Waffeln noch saftiger. Dazu
schmeckt Vanillesauce sehr lecker.

PIKANTES

Pikante Käsewaffeln
für 8–10 Waffeln zum Frühstück oder Brunch

🕐 15 Min. + 3–4 Min./Waffel backen

150 g weiche Butter · 5 Eier (Größe L) · 250 g Quark · 100 g geriebenen Emmentaler · 200 g Mehlmix B (von Dr. Schär) · 50 ml Milch · 1 Bund Schnittlauch · 2 TL Salz · Pfeffer

▶ **Laktose meiden**
150 g weiche MinusL-Butter · 250 g MinusL-Quark · 100 g geriebenen MinusL-Emmentaler · 50 ml MinusL-Milch

▶ **Mehl selbst mischen**
100 g Maismehl · 100 g Maisstärke · 3 g Bindino

- Butter, Eier und Quark miteinander verrühren. Den geriebenen Emmentaler zusammen mit dem Mehl unter die Eiermasse rühren.
- Dann so viel Milch dazu geben, dass der Teig dickflüssig vom Löffel tropft.
- Den Schnittlauch abspülen, klein hacken und unterrühren. Den Teig mit Salz und Pfeffer kräftig würzen.
- Das Waffeleisen erhitzen, fetten und aus dem Teig nacheinander etwa 8–10 Waffeln backen.

PIKANTES

Kartoffelkuchen

für 1 Blech – ergibt 6 Portionen

750 g Kartoffeln ·
2–3 Stangen Lauch ·
1 Paprika, rot · 1 Apfel ·
125 ml Sahne · 3 Eier ·
1 TL Oregano, frisch ·
200 g geriebener Emmen-
taler · 300 g Mehlmix
B (von Dr. Schär) · 2
Eier · 40 g Butter · Salz ·
Muskatnuss, gemahlen ·
100 g Tomatenmark

▶ Laktose meiden

125 ml MinusL-Sahne ·
200 g geriebener MinusL-
Emmentaler · 40 g
MinusL-Butter

▶ Mehl selbst mischen

200 g Reismehl · 100 g
Kartoffelmehl · 5 g
Bindino

🕓 1¼ Std. + 25 Min. backen

- Kartoffeln mit der Schale garen, heiß pellen und durch
  eine Kartoffelpresse drücken. Dann auskühlen lassen.
- In der Zwischenzeit den Lauch putzen, waschen und
  in dünne Ringe schneiden. Die Paprika waschen und in
  schmale Spalten schneiden. Den Apfel ebenfalls gründlich waschen.
- Den Backofen auf 220 Grad vorheizen. Sahne, Eier, Käse
  und Oregano verrühren.
- Mehl, Eier, Butter, Salz, Muskat und die Kartoffeln zu
  einem Teig verkneten. Ein Backblech mit Backpapier auslegen und den Teig darauf ausrollen.
- Den Boden mit Tomatenmark bestreichen. Dann Lauch
  und Paprika darauf verteilen. Den gewaschenen Apfel in
  Spalten schneiden und ebenfalls verteilen.
  Zuletzt die Käsesahne über den Kuchen gießen. Den Kartoffelkuchen im Backofen 25 Min. bei 220 Grad backen.

Tipp

**Der Kartoffelkuchen ist ein Wintergericht. Ein leckerer
Eisbergsalat mit Champignons und Möhren schmeckt
sehr gut dazu.**

Knusprige Käseschnecken

ergibt etwa 35 Stück

✳ 🕐 20 Min. + 10 Min. ruhen + 20 Min. backen

- Mehl, Bindino und Backpulver in eine Schüssel geben und vermischen. Dann Salz, Butter und 100 g Crème fraîche hinzugeben und alles zu einem glatten Teig verkneten. Falls der Teig zu klebrig ist, ihn in Klarsichtfolie einpacken und für 10 Min. in den Tiefkühler legen.
- In der Zwischenzeit die Füllung mit den restlichen Zutaten – bis auf die Pistazien – anrühren. Mit Salz und Pfeffer abschmecken.
- Den Teig zu einem Quadrat (ungefähr 40 x 40 cm) ausrollen. Die Füllung daraufstreichen und mit den Pistazien bestreuen. Dann den Teig vorsichtig aufrollen. Mit einem Messer 1 cm dicke Scheiben abschneiden und auf ein mit Backpapier ausgelegtes Backblech legen.
- Im vorgeheizten Backofen 20 Min. bei 180 Grad backen.

250 g Mehlmix B (von Dr. Schär) · ½ TL Backpulver · 3 g Bindino · ½ TL Salz · 125 g Butter, weich · 100 g Crème fraîche · 100 g Doppelrahm-Kräuterfrischkäse · 1 EL TK-Kräuter · 50 g Crème fraîche · 50 g Emmentaler, gerieben · 1 Eigelb · Pfeffer · Salz · 25 g Pistazien, gehackt

▶ Laktose meiden
125 g MinusL-Butter, weich · 100 g MinusL-Schmand · 100 g MinusL-Kräuterfrischkäse · 50 g MinusL-Schmand · 50 g MinusL-Emmentaler, gerieben

▶ Mehl selbst mischen
100 g Maisstärke · 150 g Reismehl · 3 g Bindino

Lauchquiche

für eine Springform (∅ 26 cm) – ergibt 12 Stücke

200 g Mehlmix B (von Dr. Schär) · 100 g Magerquark · 100 g Butter · 2 TL Salz · 2 Stangen Lauch · 200 g Schinken · 300 g Schmand · 3 Eier · 250 g Gouda, gerieben · 3 TL Senf · Pfeffer · Muskat · Salz · Butter zum Anbraten

▶ Laktose meiden

100 g MinusL-Quark · 100 g MinusL-Butter · 300 g MinusL-Schmand · 250 g MinusL-Gouda

▶ Mehl selbst mischen

100 g Maisstärke · 100 g Reismehl · 5 g Bindino

🕑 40 Min. + 1 Std. kalt stellen + 40 Min. backen

- Für den Teig Mehl, Quark, Butter und Salz gut miteinander verkneten und zu einem Kloß formen. Dann 1 Std. kalt stellen.
- In der Zwischenzeit den Lauch putzen und in Ringe schneiden, den Speck würfeln und in wenig Butter anbraten. Den Schmand mit den Eiern und dem Käse verrühren und mit Senf, Pfeffer, Salz, Muskat würzen.
- Den Teig in eine Springform geben und mit Rand (3 cm) ausrollen. Den Lauch und den Schinken schichtweise über dem ausgerollten Teig verteilen. Zuletzt die Schmandmasse darübergießen.
- Im vorgeheizten Backofen bei 225 Grad etwa 40 Min. backen.

Tipp

Den Schinken kann man wahlweise durch Räucherlachs ersetzen. Im Frühjahr kann der Lachs auch durch vorgegarten Spargel (höchstens 10 Min.) ersetzt werden.

Pikantes Knabbergebäck

für ½ Backblech – ergibt 20 Gebäckstückchen

🕑 15 Min. + 12 Min. backen

- Zuerst das Mehl, Backpulver, die Trockenhefe, das Meersalz und die Kräuter der Provence eine kleine Schüssel geben und miteinander vermischen. Dann das Wasser und das Öl hinzufügen und mit der Hand zu einem Teig verkneten.
- Auf einem mit Backpapier ausgelegten Backblech dünn ausrollen. Zuletzt mit Sesam bestreuen.
- Dann den Teig waagrecht und senkrecht mit einem Messer durchschneiden, sodass kleine Rechtecke entstehen.
- Im vorgeheizten Backofen bei 230 Grad rund 12 Min. goldbraun backen.

160 g Mehlmix B (von Dr. Schär) · ½ TL Backpulver · ½ TL Trockenhefe · 1 TL Meersalz · 1 EL Kräuter der Provence · 70 ml Wasser, heiß · 3 EL Olivenöl · Sesam zum Bestreuen

▶ Mehl selbst mischen
80 g Reismehl · 50 g Maisstärke · 30 g Maismehl · 2 g Bindino

PIKANTES

Pizza

für 1 Person

200 g Mehlmix B (von
Dr. Schär) · 1 Prise Salz ·
1 EL Olivenöl · 150 ml
Wasser, lauwarm · 10 g
Hefe, frisch · 20 g Toma-
tenmark · 2 EL Olivenöl ·
Kräutersalz · 3–4 Stängel
Basilikum · 1 Knoblauch-
zehe · 70 g Emmentaler,
gerieben

▶ Laktose meiden

70 g MinusL-Emmentaler,
gerieben

▶ Mehl selbst mischen

100 g Kartoffelmehl ·
50 g Maismehl · 50 g
Reismehl · 20 g Kartoffelflocken · 3 g Bindino · 1 g
Xanthan · statt 170 ml
jetzt 200 ml Wasser

🕐 15 Min. + 30 Min. ruhen + 15 Min. backen

- Mehl, Öl und Salz mischen. Die Hefe in dem lauwarmen
  Wasser lösen und dazugeben. So lange verrühren, bis ein
  glatter Teig entsteht. 30 Min. an einem warmen Ort gehen lassen.
- In der Zwischenzeit das Tomatenmark mit Olivenöl verrühren und mit Kräutersalz würzen. Das frische Basilikum waschen und klein hacken. Die Knoblauchzehe
  schälen und in kleine Würfel schneiden.
- Den Hefeteig auf ein mit Backpapier belegtes Backblech
  legen und ausrollen. Mit dem öligen Tomatenmark bestreichen, mit Knoblauch und Basilikum bestreuen und
  zuletzt mit geriebenem Käse belegen.
- Die Pizza bei 200° Grad 15 Min. backen.

Tipp

**Wollen Sie jedoch eine typisch italienische Pizza, dann
gehört den landestypischen Farben entsprechend nur
Tomatensoße, Mozarella und frischer Basilikum auf den
Teigling.**

▶ Den Pizzabelag können Sie je nach Lust und vorhandenen
Zutaten frei variieren.

PIKANTES

Türkische Calzone

für 2 Portionen

200 g Mehlmix B (von Dr. Schär) · 1 EL Olivenöl · 1 TL Salz · 15 g Frischhefe · 150 ml Wasser, laufwarm · 50 g schwarze Oliven, entsteint · 150 g Schafskäse · 120 g weiche Rindersalami · 1 Paprika, rot

▶ Mehl selbst mischen

100 g Kartoffelmehl · 50 g Reismehl · 50 g Maismehl · 3 g Bindino · statt 150 ml jetzt 200 ml Wasser

▶ Laktose meiden

150 g MinusL-Feta

🕑 45 Min. + 45 Min ruhen + 30 Min. backen

- Mehl, Öl und Salz mischen. Die Hefe in dem lauwarmen Wasser lösen und dazugeben. So lange verrühren, bis ein glatter Teig entsteht. Diesen an einem warmen Ort mindestens 45 Min. gehen lassen.
- Den Pizzateig auf Backpapier zu einem etwa ½ cm dicken Oval ausrollen.
- Oliven in Ringe schneiden, Schafkäse zerbröckeln und Salami in dünne Scheiben schneiden. Paprikaschote vierteln, entkernen, abspülen und in Würfel schneiden. Oliven, Schafskäse, Salami und Paprika mischen und auf einer Hälfte des ausgerollten Pizzabodens verteilen.
- Den Rand mit einem scharfen Messer etwa ½ cm dick abschneiden. Die freie Teighälfte über die Füllung klappen und die Teigränder mit einer Gabel gut zusammendrücken.
- Die Calzone auf ein Backblech legen und die Oberfläche mit dem abgeschnittenen Teigrandstreifen verzieren. Dann im vorgeheizten Backofen bei 180 Grad etwa 30 Min. backen.

Quarktomatenküchlein

für 6 Tortelettförmchen (∅ 12 cm)

🕐 30 Min. + 30 Min. backen

- Für den Mürbeteig alle Zutaten miteinander verkneten und dann für 15 Min. in den Kühlschrank legen. Aus dem Teig 6 gleich große Teigkugeln formen und diese rund ausrollen. Tortelettförmchen mit dem Teig belegen.
- Eier, Frischkäse und Quark mit dem Schneebesen verrühren. Die Kräuter sehr fein hacken und beifügen. Den Knoblauch pressen und dazugeben. Mit Salz und Pfeffer abschmecken.
- Den Guss auf den Teigböden verteilen. Die Kirschtomaten waschen, halbieren und mit der Schnittfläche nach oben in den Guss setzen. Nochmals leicht salzen. Die Küchlein mit Emmentaler bestreuen. Im vorgeheizten Ofen 30 Min. bei 200 Grad backen.

für den Mürbeteig:

200 g Mehlmix B (von Dr. Schär) · 50 g glutenfreies Paniermehl (z. B. von Hammermühle) · 1 Prise Salz · 95 g Butter · 1 TL Backpulver · 3 EL Wasser · 1 Ei

für die Füllung:

2 Eier (Größe L) · 200 g Frischkäse · 500 g Magerquark · 1 Bund Schnittlauch · 1 Bund Schalotten · Kräutersalz · Pfeffer · 2 Knoblauchzehen · 250 g Kirschtomaten · 150 g geriebener Emmentaler

▶ Laktose meiden

70 g Margarine · 200 g MinusL-Frischkäse · 500 g MinusL-Quark · 150 g MinusL-Emmertaler, gerieben

▶ Mehl selbst mischen

100 g Buchweizen, gemahlen · 50 g Amaranth, gemahlen · 50 g Maisstärke · 2 g Bindino · oder 140 g Maisstärke · 60 g Reismehl · 2 g Bindino

Zucchini-Eierrolle

für 5 Personen

500 g Zucchini (2 Stück) · 5 Eier · 80 g Mehlmix B · 70 g Haselnüsse, gemahlen · Salz · Pfeffer, frisch gemahlen · 1 kg Fleischtomaten (3 große Tomaten) · 12 schwarze Oliven, entsteint · 1 Bund Basilikum · 200 g Schmand · 1 EL Parmesan

▶ Mehl selbst mischen
30 g Reismehl · 50 g Maisstärke

▶ Laktose meiden
200 g MinusL-Schmand mit oder ohne Parmesan (lange gereifte Käsesorten sind so gut wie laktosefrei)

🕐 1 Std. + 35 Min. backen

- Die Zucchini waschen, putzen und grob raspeln. Den Backofen auf 180 Grad vorheizen.
- Die Eier trennen, das Eiweiß steif schlagen. Eigelbe mit Mehl, 50 g Nüssen, Salz und Pfeffer verrühren, gegebenenfalls etwas Wasser hinzugeben. Die Hälfte des Eischnees unterziehen, dann die Zucchiniraspeln hinzufügen. Danach den Rest des Eischnees vorsichtig unterheben.
- Die Masse auf das mit Backpapier ausgelegte Backblech streichen und im vorgeheizten Backofen bei 180 Grad 20 Min. backen.
- In der Zwischenzeit die Tomaten gründlich waschen und in kleine Würfel schneiden. Die Oliven hacken und mit den Tomaten vermischen. Die restlichen Nüsse auf ein Küchentuch streuen.
- Das Omelett vorsichtig darauf stürzen und das Backpapier abziehen.
- Die Tomaten-Olivenmischung auf dem Omelett verteilen, das Ganze einrollen und weitere 15 Min. bei 180 Grad backen.
- Unterdessen das Basilikum waschen und klein hacken. Den Schmand mit Parmesan, Salz und Pfeffer abschmecken und das kleingehackte Basilikum dazugeben. Zur Rolle reichen.

Käsetaschen

für 20 Käsetaschen

🕐 1 Std. + 1 Std. ruhen + 20 Min. backen

- Das Mehl mit dem Salz mischen. Die Hefe in der Milch auflösen, dann in das Mehl geben. Zu einem glatten Teig verrühren. Eventuell noch etwas Milch hinzufügen. Den Teig aufgehen lassen.
- In der Zwischenzeit die Füllung vorbereiten. Dafür den Schinken würfeln und mit Käse, Petersilie und Eigelb vermischen.
- Den Teig ausrollen und runde Plätzchen (mindestens ⌀ 9 cm) ausstechen. Einen Teelöffel der Füllung auf die Plätzchen geben. Die Ränder zu Halbmonden zusammen-klappen. Die Seiten mit Gabeln eindrücken. Kurz gehen lassen, dann mit Eigelb bestreichen.
- Im vorgeheizten Backofen bei 190 Grad rund 20 Min. backen und gleich verzehren, denn die Käsetaschen schmecken warm am besten.

500 g Mehlmix B (von Dr. Schär) · 1 Prise Salz · 1 Würfel Hefe · 310 ml lauwarme Milch · 150 g geriebener Emmentaler · 75 g Schinken · gehackte Petersilie · 2 Eigelb · 2 Eigelb zum Bestreichen

▶ Laktose meiden

310 ml MinusL-Milch · 150 g MinusL-Emmen-taler

▶ Mehl selbst mischen

370 g Maisstärke · 130 g Reismehl · 10 g Soja-mehl · 3 g Bindino

PIKANTES

WEIHNACHTLICHES

Vanillekipferl

für ca. 50 Stück

🕐 1 Std. + 20 Min. backen

300 g Mehlmix C (von Dr. Schär) · 2 Eigelb · 200 g Butter, weich · 100 g geriebene Mandeln · 100 g Zucker · 30 g Puderzucker · 10 g Vanillezucker aus Bourbonvanille (z. B. von Wesig)

▶ Laktose meiden

200 g MinusL-Butter

▶ Mehl selbst mischen

200 g Maisstärke · 100 g Maismehl · 3 g Bindino · 1 ½ EL Flohsamenschalen

- Das Mehl in eine Schüssel geben, in die Mitte eine Vertiefung drücken und die Eigelbe hineingeben. Die weiche Butter in Flöckchen auf das Mehl geben, Mandeln und Zucker drüberstreuen. Dann alles zu einem Teig verkneten.
- Den Mürbeteig zu einer langen Rolle formen (Durchmesser 3 cm) und nun schichtweise dünne Scheiben abschneiden, erst zu einer Kugel und dann zu kleinen Kipferln formen. Diese auf ein mit Backpapier ausgelegtes Backblech legen
- Die Kipferln im Backofen rund 20 Min. bei 160 Grad hellgelb backen.
- Puderzucker und Vanillezucker mischen. Die Kipferln nach dem Backen noch warm in dem Pudervanillezucker wenden und dann auskühlen lassen.

WEICHNACHTLICHES

Buchweizen-Cookies

etwa 100 Plätzchen

250 g Buchweizenmehl ·
½ TL Salz · 1 abgeriebe-
ne Orangenschale · ½ l
Mineralwasser · 60 g
Pflanzenmargarine ·
2–3 EL Honig · 1 TL Zimt ·
1 Msp. Vanille · 150 g
gemahlene Walnüsse ·
100 g gehackte Datteln

🕐 25 Min. + 20 Min. backen

- Das Buchweizenmehl mit Salz und Orangenschale vermischen. Das Mineralwasser mit der Margarine, dem Honig
und den Gewürzen einrühren.
- Nun die Nüsse und die Datteln untermengen. Eventuell
noch etwas Mehl zugeben.
- Nun mit 2 Teelöffeln kleine Häufchen auf ein mit Backpapier ausgelegtes Backblech setzen.
- Im vorgeheizten Backofen bei 175 Grad etwa 20 Min.
backen.

Butterplätzchen
für 1 Backblech – ergibt ungefähr 30–40 Plätzchen

🕑 25 Min. + 12 Std. ruhen + 10 Min. backen

- Die Butter zerlassen und mit Zucker und Salz schaumig schlagen. Die Vanilleschote der Länge nach aufschneiden und mit einer Messerspitze das dunkle Mark herauskratzen.
- Die unbehandelte Zitrone abreiben. Vanille, Zitronenschale, Eier und Mehl nun in die Butter-Zucker-Masse geben. Alles gut verkneten. Dann den Teig über Nacht kalt stellen.
- Am nächsten Tag Plätzchen ausstechen und auf ein mit Backpapier ausgelegtes Backblech legen. Mit dem verquirlten Ei bestreichen.
- Im vorgeheizten Backofen bei 170 Grad 10 Min. backen.

125 g Butter · 80 g Zucker · 1 Prise Salz · 1 Vanilleschote · 1 unbehandelte Zitrone · 300 g Mehlmix C (von Dr. Schär) · 2 Eier · 1 Ei zum Bestreichen

▶ Laktose meiden
125 g MinusL-Butter

▶ Mehl selbst mischen
200 g Maisstärke · 100 g Reismehl · 4 EL Flohsamenschalen · 4 g Bindino

Chilimandel-Monde

Für 2 Backbleche – ergibt ca. 55 Stück

1 unbehandelte Zitrone · 1 Eiweiß · 140 g Puderzucker · 200 g gemahlene Mandeln · 35 g Johannisbeergelee · 70 g Zartbitter-Kuvertüre · ½ Chilischote · 1 TL Pfefferbeeren, rosa · Puderzucker zum Bearbeiten

🕑 40 Min. + 1 Std. kalt stellen + 30–35 Min. backen

- Zitrone heiß abspülen, trocken reiben und die Schale fein abreiben. Eine Zitronenhälfte auspressen. Eiweiß steif schlagen. Dabei nach und nach den Puderzucker dazugeben. Zum Schluss 1 TL Zitronensaft unterrühren. Mandeln und Zitronenschale unter die Eiweißmasse heben. Teig zu einer Kugel formen und fest in Frischhaltefolie wickeln. Für etwa 1 Std. in den Kühlschrank stellen.
- Backofen auf 120 Grad vorheizen. Aus dem Teig Halbmonde (etwa 4 cm) ausstechen. Dabei zwischendurch die Ausstechform in Puderzucker tauchen, damit der Teig nicht festklebt. Mandelmonde auf mit Backpapier ausgelegte Backbleche legen.
- Gelee erwärmen, glatt rühren und die Mandelmonde damit bestreichen. Monde im Backofen etwa 30–35 Min. backen.
- Kuvertüre grob hacken und über dem heißen Wasserbad schmelzen. Chilischote fein hacken und unterrühren. Die Kuvertüre auf die Monde streichen. Pfefferbeeren im Mörser zerstoßen und die Monde damit bestreuen.

Haselnussmakronen

für etwa 45 Stück

🕐 15 Min. + 10 Min. backen

4 Eiweiß · 1 Prise Salz · 80 g Zucker · 260 g gemahlene Haselnüsse · 40 g Schokoladentröpfchen · ganze Haselnüsse zum Garnieren

- Das Eiweiß mit dem Salz steif schlagen. Die Hälfte des Zuckers hinzugeben und so lange weiterschlagen, bis eine glänzende Masse entsteht. Zucker, gemahlene Haselnüsse und Schokoladentröpfchen unterheben.
- Ein Backblech mit Backpapier auslegen. Den Backofen auf 180 Grad vorheizen. Mit einem Teelöffel kleine Teighäufchen auf das Blech setzen. Jeweils mit einer ganzen Haselnuss garnieren.
- Die Makronen etwa 10 Min. bei 180 Grad backen.

▶ Laktose meiden

40 g Schokoladentröpfchen, zartbitter

Tipp

Die Haselnussmakronen können vor dem Backen auf kleine glutenfreie Backoblaten (z. B. von Hammermühle) gesetzt werden.

Nougatsterne

für ca. 15 Stück

125 g Mehlmix C (von Dr. Schär) · 1 TL Backpulver · 2 Msp. Zimt · 1 Msp. gemahlener Ingwer · 1 Msp. gemahlene Nelken · 50 g gemahlene Haselnüsse · 50 g Zucker · 1 Ei · 75 g Butter, weich · 100 g Nuss-Nougat-Creme · 50 g Zartbitterkuvertüre · Haselnusskrokant zum Bestreuen

▶ Mehl selbst mischen

50 g Maismehl · 50 g Maisstärke · 20 g Kochbananenmehl · 3 g Bindobin

▶ Laktose meiden

75 g MinusL-Butter · 100 g Schokocreme mir Haselnüssen (von Alnavit) · 100 g Schokolade, zartbitter

🕐 30 Min. + 10 Min. backen + 1 Std. abkühlen

 Das Mehl mit dem Backpulver vermischen und mit Zimt, Ingwer und Nelken würzen. Haselnüsse, Zucker, Ei und Butter hinzufügen und zu einem Teig verarbeiten.

■ In mehreren Portionen zwischen bemehlter Klarsichtfolie ausrollen und Sterne ausstechen. Auf mit Backpapier ausgelegte Bleche legen und im vorgeheizten Backofen bei 180 Grad 10 Min. backen.

■ Abkühlen lassen. Die eine Hälfte der Sterne mit Nuss-Nougat-Creme bestreichen. Danach mit den restlichen Sternen bedecken.

■ Kuvertüre schmelzen, die Sterne mit der flüssigen Schokolade bestreichen und mit dem Haselnusskrokant bestreuen.

Marillenringe

für 1 Backblech – ergibt 30 Plätzchen

120 g Zucker · 250 g Butter · 1 ungespritzte Zitrone · ½ Stange Vanille · 1 Prise Salz · 1 Eigelb · 400 g Mehlmix C (von Dr. Schär) · 3 g Bindino · Aprikosenmarmelade

▶ **Mehl selbst mischen**
270 g Maisstärke · 130 g Reismehl · 4 EL Flohsamenschalen

▶ **Laktose meiden**
250 g MinusL-Butter

🕐 **30 Min. + 12 Std. ruhen + 8 Min. backen**

- Zucker und Butter schaumig schlagen. Die Zitrone abreiben und die Vanilleschote aufschneiden und das Mark herauskratzen. Beides zusammen mit Salz und Eigelb in die Butter-Zucker-Masse geben. Zuletzt das Mehl mit dem Bindino unterarbeiten.
- Den Mürbeteig über Nacht kalt stellen. Am nächsten Tag Plätzchen ausstechen und auf ein mit Backpapier ausgelegtes Backblech legen. Bei der Hälfte der Plätzchen einen Ring ausstechen.
- Die Plätzchen im vorgeheizten Backofen bei 200 Grad etwa 8 Min. goldbraun backen. Nach dem Abkühlen Plätzchen mit Marmelade bestreichen und einen Plätzchenring drauflegen.

Quinoa-Hörnchen

für 50 Stück

🕑 **40 Min. + 1 Std. kalt stellen + 12 Min. backen**

- Die Butter mit dem Zucker, Vanillezucker, Salz, Mehl und Quinoaflocken verkneten. Den Teig in Frischhaltefolie wickeln und mindestens 1 Std. kalt stellen.
- Den Backofen auf 170 Grad vorheizen. Von dem Teig walnussgroße Stücke abnehmen und zu Würsten mit spitzen Enden rollen. Zu Halbmonden biegen und auf das mit Backpapier ausgelegte Backblech setzen.
- Die Quinoahörnchen auf der mittleren Schiene etwa 12 Min. backen. Kurz abkühlen lassen und dann in Vanillezucker wenden.

180 g Butter, kalt · 70 g Zucker · 1 Päckchen Vanillezucker · 100 g Quinoa-Flocken · 250 g Mehlmix C (von Dr. Schär) · 1 Prise Salz · 3–4 Päckchen Vanillezucker zum Wenden

▶ **Mehl selbst mischen**
250 g Maismehl · 3 g Bindino

▶ **Laktose meiden**
180 g MinusL-Butter

Bunte Geburtstagsmuffins

für 16 Muffinförmchen

⊙ 25 Min. + 25 Min. backen

125 g Butter, weich · 125 g Zucker · 3 Eier (Größe L) ·
½ Päckchen Backpulver · 200 g Mehl · 125 ml Milch · 1 Zitrone, Saft · je 2 EL Lebensmittelfarbe Rot, Grün, Gelb und Blau

▶ Laktose meiden

125 g MinusL-Butter · 125 ml MinusL-Milch

▶ Mehl selbst mischen

100 g Maisstärke · 100 g Maismehl · 3 g Bindino

- Die weiche Butter mit dem Zucker schaumig schlagen.
  Nacheinander die Eier auf höchster Stufe unterrühren.
  Das Backpulver mit dem Mehl mischen und unter die
  Butter-Ei-Masse mischen. Die Milch und den Zitronensaft
  hinzugeben und alles zu einem glatten Teig verrühren.
- Den Teig vierteln und jeweils in eine kleine Schüssel ge-
  ben. Jedes Teigviertel mit einer anderen Lebensmittel-
  farbe färben.
- Die Muffinformen mit Papierförmchen besetzen und
  diese mit dem bunten Teig befüllen.
- Die Törtchen im vorgeheizten Backofen bei 175 Grad
  25 Min. backen.

Crème-fraîche-Hasen

für etwa 50 Hasen

375 g Mehlmix C (von Dr. Schär) oder helle Mehlmischung (von 3 Pauly) · 5 g Bindino · 80 g Zucker · 3 Päckchen Vanillezucker · 200 g Crème fraîche (1 Becher) · 250 g weiche Butter · 50 g Haselnüsse, gemahlen · 60 g Zartbitterschokolade

▶ Laktose meiden

200 g MinusL-Schmand · 250 g weiche MinusL-Butter

▶ Mehl selbst mischen

200 g Maisstärke · 175 g Maismehl

🕐 50 Min. + 12–14 Min. backen

Das Mehl mit dem Bindino in eine Rührschüssel geben. Zucker, Vanillezucker, Crème fraîche und die Butter dazugeben und mit einem Mixer zu einem glatten Teig verarbeiten.

- Den Teig auf bemehlter Arbeitsfläche etwa einen ½ cm dick ausrollen. Hasen oder andere Ostertiere ausstechen und auf ein mit Backpapier ausgelegtes Backblech legen. Die Hasen mit einem Pinsel leicht mit Wasser befeuchten und dann mit den gemahlenen Haselnüssen dünn bestreuen.

- Im vorgeheizten Backofen bei 180 Grad etwa 12–14 Min. backen. Das Gebäck auf einem Kuchenrost erkalten lassen.

- In der Zwischenzeit die Schokolade zerkleinern und in einen Gefrierbeutel geben. Dann im Wasserbad bei schwacher Hitze langsam schmelzen. Eine kleine Ecke am unteren Ende des Beutels abschneiden – Vorsicht heiß! Die Hasen dann zügig mit Zartbitterschokolade besprenkeln und verzieren.

Osterküchlein mit bunten Zuckereiern

für 12 Tortelettförmchen (∅ 10 cm)

🕐 30 Min. + 30 Min. kalt stellen + 25 Min. backen

- Für den Teig Mehl, Zucker und Salz in einer Schüssel mischen. Die weiche Butter in kleinen Stückchen beifügen und mit dem Mehl verreiben. Das Ei und das Wasser verrühren, dazugeben und alles rasch zu einem Teig zusammenfügen. In Klarsichtfolie verpacken und mindestens 30 Min. kalt stellen.
- Die Eier trennen. Den Quark mit Joghurt, einer Prise Salz Eigelb und Puddingpulver mischen. Das Eiweiß steif schlagen und unterheben. Die Zitrone abwaschen, die Schale abreiben und den Abrieb in die Quarkmasse geben.
- Den gekühlten Teig auf wenig Mehl oder zwischen 2 Lagen Backpapier ausrollen. 12 Rondellen ausstechen. 12 kleine runde Tortelettförmchen gut einfetten und mit den Teigrondellen belegen. Mit einer Gabel die Teigböden mehrfach einstechen.
- Die Füllung auf die Teigböden verteilen und im vorgeheizten Backofen bei 200 Grad rund 25 Min. backen. Die Osterküchlein mit Puderzucker bestäuben und nach Belieben mit kleinen Zuckereiern dekorieren.

für den Teig:
250 g Mehlmix C (von Dr. Schär) · 20 g Zucker · ½ TL Salz · 125 g weiche Butter · 1 Ei · 1 EL Wasser

für die Füllung:
2 Eier · 500 g Quark · 150 g Joghurt · 1 Prise Salz · 1 Päckchen Puddingpulver · ½ unbehandelte Zitrone

zur Dekoration:
Puderzucker zum Bestreuen · Zuckereier

▶ Laktose meiden
125 g MinusL-Butter · 500 g MinusL-Quark · 150 g MinusL-Joghurt · 1 Päckchen laktosefreies Puddingpulver

▶ Mehl selbst mischen
150 g Maisstärke · 100 g Maismehl · 3 g Bindino

Osternesttorte

für eine Springform (⌀ 26 cm) – ergibt 12 Stücke

⏱ 75 Min. + 25 Min. backen + 1 Std. kalt stellen

- Die weiche Butter mit Zucker, Vanillezucker und der abgeriebenen Zitronenschale verrühren. Jedes Ei auf höchster Stufe unterrühren. Mehl, Backpulver und Pistazienkerne mischen und in die cremige Masse geben. Den Teig in die Springform füllen und im vorgeheizten Backofen etwa 25 Min. bei 160 Grad backen. Danach den Boden in der Form auf einem Kuchenrost erkalten lassen.
- In der Zwischenzeit die Pfirsiche abtropfen lassen. Die eine Hälfte der Pfirsiche pürieren, den Rest in kleine Würfel schneiden. Quark, Frischkäse und Pfirsichpüree in einer Rührschüssel mit einem Handrührgerät verrühren. Die Paradiescreme kurz unterrühren und anschließend 3 Min. auf höchster Stufe aufschlagen. Dann die Pfirsichwürfel unterheben.
- Jetzt den Kuchen aus der Form lösen und einmal waagrecht durchschneiden. Den unteren Boden auf eine Tortenplatte legen. Die Hälfte der Creme auf dem untersten Tortenboden verstreichen und den anderen Boden auflegen. Mit der restlichen Creme den oberen Boden und den Rand ganz dünn bestreichen.
- Das Marzipan (200 g) ausrollen und mit dem Springformrand ausstechen. Die dünne Marzipandecke auf die Torte legen und leicht andrücken.

125 g weiche Butter
125 g Zucker · 1 Päckchen Vanillezucker ·
1 abgeriebene Zitronenschale · 3 Eier · 125 g
Mehlmix C (Dr. Schär) ·
75 g Pistazienkerne, gehackt · ½ Päckchen
Backpulver · 1 Dose
Pfirsichhälften (Abtropfgewicht 480 g) · 250 g
Magerquark · 200 g
Frischkäse · 1 Päckchen
Vanille-Paradiescreme
(Dr. Oetker) · 220 g
Marzipanrohmasse ·
Speisefarbe, grün · 200 g
kalte Schlagsahne ·
1 Päckchen Sahne-Fest
(z. B. von RUF) · 25 g
Pistazienkerne, gehackt ·
Dragee-Eier

▶ Fortsetzung des Rezepts auf S. 122

▶ **Laktose meiden**

125 g MinusL-Butter, weich · 250 g MinusL-Quark · 200 g MinusL-Frischkäse · 200 ml kalte MinusL-Schlagsahne

▶ **Mehl selbst mischen**

75 g Speisestärke · 75 g Maisstärke

- Das restliche Marzipan (20 g) mit der Lebensmittelfarbe intensiv grün färben und durch eine Knoblauchpresse drücken. Die dünnen Fäden zu kleinen grünen Grasnestern zusammensetzen und auf der Torte platzieren.
- Die Torte für mindestens 1 Std. in den Kühlschrank stellen.
- Die Sahne mit Sahnesteif steif schlagen und nach und nach in einen Spritzbeutel mit Sterntülle geben. Die Torte mit Sahnehäubchen verzieren und den Rand vollständig mit Sahne bestreichen. Die Sahnetuffs mit Pistazien bestreuen.
- In die Grasnester kleine Dragee-Eier setzen und den Rand mit den Zuckereiern umlegen. Die Torte am Tag der Herstellung verzehren.

Spiegeleiertörtchen

für 6 Törtchen

🕐 25 Min. + 20 Min. backen

- Die Eier trennen. Das Eiweiß steif schlagen. Das Eigelb mit Butter und Zucker schaumig schlagen. Das Backpulver mit dem Mehl vermischen und zusammen mit der Milch in die Schüssel geben. Alles zu einem Teig vermischen. Zuletzt den Eischnee unterheben.
- Nun mit 2 Esslöffeln kleine Teighäufchen auf das mit Backpapier ausgelegte Backblech legen. Dann im vorgeheizten Backofen bei 160 Grad 20 Min. backen. Danach auskühlen lassen.
- In der Zwischenzeit den Quarkbelag vorbereiten. Zuerst die Dose mit den Pfirsichhälften abtropfen lassen, von dem Saft 4 EL auffangen. Den Saft mit dem Magerquark verrühren. Dann langsam die gemahlene Gelatine einrühren. Zuletzt die Sahne in einem separaten Behältnis mit dem Vanillezucker steif schlagen und dann unter die Quarkmasse ziehen.
- Auf jedes Törtchen können nun etwa 2 EL der Creme gestrichen werden. Anschließend auf jedes Törtchen eine Pfirsichhälfte setzen.

für den Teig:

2 Eier · 65 g zerlassene Butter · 75 g Zucker · ½ Päckchen Backpulver · 200 g Mehlmix C (von Dr. Schär) · 100 ml Milch

für den Belag:

1 Dose Pfirsiche · 4 EL Pfirsichsaft (aus der Obstdose) · 125 g Magerquark · ½ Päckchen gemahlene Gelatine · 100 ml Sahne · 1 Päckchen Vanillezucker

▶ Laktose meiden

65 g MinusL-Butter · 100 ml MinusL-Milch · 125 g MinusL-Quark · 100 ml MinusL-Sahne

▶ Mehl selbst mischen

130 g Maisstärke · 70 g Reismehl · 5 g Inulin · 1 g Xanthan · anstatt 100 ml Milch nur 75 ml Milch

▶ Laktose meiden

75 ml MinusL-Milch

FESTLICHES

Faschingskreppel
für 10–12 Kreppel

480 g Sibylle-Diät Mehl-
mischung hell · 80 g
Zucker · ½ TL Salz ·
½ Würfel Hefe · 300 ml
Milch, lauwarm · 1 Ei ·
1 Eiweiß · 50 g Butter
(weich) · Zucker zum
Wälzen

▶ Laktose meiden
300 ml MinusL-Milch ·
50 g MinusL-Butter oder
Margarine

🕐 20 Min. + 10 Min. frittieren

- Mehl mit Zucker und Salz vermischen. Die Hefe in der Milch auflösen und die Milch dann langsam unterkneten.
- Ei, Eiweiß und weiche Butter unterkneten. Die Schüssel mit einem Küchentuch abdecken und an einem warmen Ort etwa 30 Min. gehen lassen.
- Nach der Ruhezeit zu Brötchen formen und diese weitere 30 Min. gehen lassen.
- Die Friteuse auf 160 Grad vorheizen. Die geformten Kreppel in das heiße Fett geben und von jeder Seite je 5 Min. backen lassen. Aus der Friteuse nehmen und direkt in Zucker wälzen. Auskühlen lassen und dann direkt verzehren.

Veränderte Zubereitung

- Selbst hergestellte Mehlmischung mit Zucker und Salz vermengen. Die Hefe in der Milch auflösen und diese dann zusammen mit der Butter und dem Quark langsam unterkneten.
- Die Schüssel mit einem feuchten Küchentuch abdecken und an einem warmen Ort etwa 30 Min. ruhen lassen.
- Nach der Ruhezeit zu Brötchen formen und weitere 30 Min. gehen lassen.
- Die Friteuse auf 160 Grad vorheizen. Die geformten Kreppel in das heiße Fett geben und von jeder Seite je 5 Min. backen lassen. Aus der Friteuse nehmen und direkt in Zucker wälzen. Auskühlen lassen und direkt verzehren.

▶ **Mehl selbst mischen**

300 g Reismehl · 150 g Kartoffelmehl · 90 g Kochbananenmehl · 5 g Xanthan · 15 g Inulin · 80 g Zucker · ½ TL Salz · ½ Würfel Hefe · 300 ml Milch, lauwarm · 60 g Butter · 130 g Quark · Zucker zum Wälzen

▶ **Laktose meiden**

300 ml MinusL-Milch · 60 g MinusL-Butter · 130 g MinusL-Quark

Service

Nützliche Internetseiten und Bezugsquellen

Food-Shop24.com verkauft alle gängigen MinusL-Produkte. Zu beachten ist hier jedoch bei der Bestellung von kühlpflichtigen Waren, dass ein Kühlzuschlag von 3 Euro pro Bestellung erhoben wird. Hier erhält man zusätzlich laktosefreien Käse der Marke Heinrichsthaler.

allergico-shop.de vertreibt glutenfreie und laktosefreie Mehle, Backwaren etc.

Vegan-Wonderland.de vertreibt diverse Sojaprodukte, unter anderem auch Sojasahne.

Mehlmischungen von Dr. Schär sind u. a. in Reformhäusern und DM-Drogerien erhältlich.

Produkte von Schneekoppe gibt es z. B. in Reformhäusern und einigen Supermärkten (REWE).

3-Pauly- und Sybille-Diät-Produkte sind u. a. in Reformhäusern zu finden.

Bücher zum Weiterlesen

Hiller A. **Richtig einkaufen: glutenfrei.** Für Sie bewertet: über 600 Lebensmittel bei Zöliakie und Intoleranzen. Stuttgart: TRIAS; 2010

Hiller A. **Köstlich essen bei Zöliakie.** Über 140 Rezepte: Gluten zuverlässig meiden. Stuttgart: TRIAS; 2010

Ledochowski M. **Wenn Brot und Getreide krank machen.** Gluten-Intoleranz, Zöliakie – oder was sonst? Stuttgart: TRIAS; 2011

SERVICE

Liebe Leserin, lieber Leser,

hat Ihnen dieses Buch weitergeholfen? Für Anregungen, Kritik, aber auch für Lob sind wir offen. So können wir in Zukunft noch besser auf Ihre Wünsche eingehen. Schreiben Sie uns, denn Ihre Meinung zählt!

Ihr TRIAS Verlag
E-Mail Leserservice: heike.schmid@medizinverlage.de
Lektorat TRIAS Verlag, Postfach 30 05 04, 70445 Stuttgart, Fax: 0711 89 31-748

Rezept-
verzeichnis

**Bibliografische Information
der Deutschen Nationalbibliothek**
Die Deutsche Nationalbibliothek verzeichnet diese Publikation in der Deutschen Nationalbibliografie; detaillierte bibliografische Daten sind im Internet über http://dnb.d-nb.de abrufbar.

Programmplanung: Uta Spieldiener

Redaktion und Bildredaktion: Anne Bleick

Umschlaggestaltung und Layout:
CYCLUS Visuelle Kommunikation, Stuttgart

Bildnachweis:
Umschlagfoto vorn: StockFood
Fotos im Innenteil: Fridhelm Volk, Stuttgart: S. 8, S. 22; Ann Renz/Thieme: S. 20; Chris Meier, Stuttgart: S. 4/5, 19, 14, 24/25, 29, 36/37, 41, 48/49, 53, 57, 60/61, 67, 70/71, 75, 80/81, 85, 89, 93, 94, 95, 101, 106/107, 113, 116/117, 120

Besuchen Sie uns auf facebook!
**www.facebook.com/
gesundeernaehrungtrias**

Wichtiger Hinweis: Wie jede Wissenschaft ist die Medizin ständigen Entwicklungen unterworfen. Forschung und klinische Erfahrung erweitern unsere Erkenntnisse, insbesondere was Behandlung und medikamentöse Therapie anbelangt. Soweit in diesem Werk eine Dosierung oder eine Applikation erwähnt wird oder Ratschläge und Empfehlungen gegeben werden, darf der Leser zwar darauf vertrauen, dass Autoren, Herausgeber und Verlag große Sorgfalt darauf verwandt haben, dass diese Angaben dem Wissensstand bei Fertigstellung des Werkes entsprechen, jedoch kann eine Garantie nicht übernommen werden. Eine Haftung des Autors, des Verlags oder seiner Beauftragten für Personen-, Sach- oder Vermögensschäden ist ausgeschlossen.

1. Auflage 2011

© 2011 TRIAS Verlag in MVS
Medizinverlage Stuttgart GmbH & Co. KG
Oswald-Hesse-Straße 50, 70469 Stuttgart

Printed in Germany

Satz und Repro: Fotosatz H. Buck, Hachelstuhl
gesetzt in (Satzsystem): InDesign CS5
Druck: AZ Druck und Datentechnik GmbH, Kempten

Gedruckt auf chlorfrei gebleichtem Papier

ISBN 978-3-8304-3880-9   2 3 4 5 6

Auch erhältlich als E-Book:
eISBN (PDF)   978-3-8304-6321-4
eISBN (ePub) 978-3-8304-6410-5

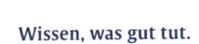

Entspannt in 10 Minuten

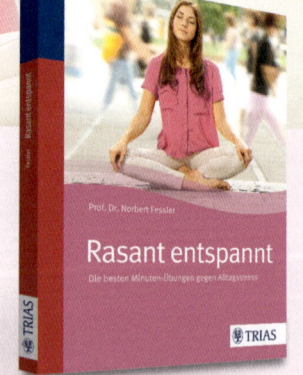